**macht sein
Fass auf**

Philosophische Betrachtungen zu Alltagsthemen

Für Doris

Halt dein Rösslein nur im Zügel,
kommst ja doch nicht allzu weit.
Hinter jedem neuen Hügel,
dehnt sich die Unendlichkeit.
Nenne niemand dumm und säumig,
der das nächste recht bedenkt.
Ach die Welt ist so geräumig,
und der Kopf ist so beschränkt.

Wilhelm Busch

Diogenes aus Landau

Die „Rheinpfalz" hat ihren Diogenes, nicht den aus Sinope, sondern den aus Landau entdeckt, als der langjährige Landauer Oberbürgermeister Dr. Christof Wolff Ende 2007 in Ruhestand ging. Damals bat die „Rheinpfalz" illustre Persönlichkeiten der Südpfalz um eine kurze Notiz zum Wirken dieses Mannes, der fast ein Vierteljahrhundert die Stadtpolitik geprägt hatte. Wie zu diesem Anlass zu erwarten war, waren die Texte gefüllt von Respekt und Ehrerbietung. Nur ein Autor besaß den Mut, sein Haupt nicht zu beugen vor dem Königsthron: der renommierte Strafverteidiger Bernd Lütz-Binder. Ein Schwimmer gegen den Strom, ein Bürster gegen den Strich, und das alles in einer geschliffenen, fein ziselierten Sprache. Diesen Mann sollten wir öfter zu Wort kommen lassen, meinte damals Redaktionsleiterin Eva Klag-Ritz.

Dass Lütz-Binder sich ausgerechnet den Philosophen Diogenes zum Alias erkor, ist, so scheint mir, zwangsläufig und verrät viel vom Wesen dieses Mannes. Lebensthema sowohl des griechischen als auch des südpfälzischen Diogenes ist die Freiheit, die keinen Zwängen und Selbstbeschränkungen unterworfen sein soll. Lütz-Binder ist ein Liebhaber der Freiheit, wenngleich fraglich sein dürfte, ob er sie wie sein griechischer Vorgänger mit Askese erringen möchte - die pfälzische Spielart der Freiheit ist schließlich untrennbar mit Genuss verbunden. Sicher aber ist, dass Lütz-Binder wie sein philosophischer Vorgänger auf die Frage nach seinem Heimatort antworten würde, dass er Weltbürger sei. Wobei der Diogenes des 21. Jahrhunderts mit einem vollen Tropfen Öl der Aufklärung und des Humanismus gesalbt ist.

Bernd Lütz-Binders Weltbürgertum findet in seinen Texten breiten Raum. Obwohl er in der Südpfalz geerdet ist, sich als Anhänger des 1. FC Kaiserslautern freimütig bekennt und er geradezu zärtlich mit dem pfälzischen Dialekt liebkost, ist dem Autor jede Form des Provinzialismus fremd. Seine Protagonisten atmen den Geist freier Menschen, die sich Fragen stellen, um Irrtümer zu vermeiden.

So sei dem Büchlein Erfolg beschieden - und viele Leser, die wie dieser moderne Diogenes der Auffassung sind, dass sich die Kraft menschlicher Vernunft am Ende durchsetzen wird gegen alle Formen des Aberglaubens. Auch und gerade in den kleinen Begebenheiten des Alltags.

Rolf Gauweiler

Absicht

Nein, eine Trilogie will ich nun wirklich nicht anbieten. Nach meinen beiden ersten Büchern („Ich bitte um Milde", „Ich hoffe auf Nachsicht") lag es natürlich nahe, die Sache mit einem dritten Buch abzuschließen. Und glauben Sie mir: Anekdoten aus dem Gerichtsleben hätte ich in Hülle und Fülle, die nicht nur einen dritten, sondern auch einen vierten oder fünften Band füllen könnten. Aber irgendwann sollte man sich Neuem zuwenden und ich will es mit diesem Büchlein tun, indem ich Miniaturen versammelt habe, die ich für die „Rheinpfalz" unter dem Pseudonym „Diogenes" über vier Jahre geschrieben habe und die ich neben einigen unveröffentlichen Texten jetzt in Buchform vorlege.

Es handelt sich um mehr oder minder amüsante Betrachtungen des täglichen Lebens und ich habe als Partner und Freund des Diogenes Paul Münch eingeführt, sozusagen als pfälzischen Anchorman, der für das notwendige Lokalkolorit zu sorgen hat. Den Diogenes habe ich mir als Maske gewählt, weil er wohl der bei Laien bekannteste Philosoph neben Sokrates - der mir selbst als Pseudonym zu hoch gegriffen erschien - sein dürfte. Von Diogenes ist zwar so gut wie nichts überliefert worden, aber mit seinem von vielen verbürgten Leben, insbesondere mit der berühmten Anekdote, die ihn mit Alexander dem Großen zusammenführte, ist er ein Begriff geblieben und durch seine Genügsamkeit ist er zum Vorbild aller philosophischen Richtungen geworden.
Meine Absicht ist es, auch ernsthafte Dinge in leichter Form zu präsentieren, weil sie so am bekömmlichsten sind, und vielleicht wird es gelingen, einige Leser dazu zu bringen, zu dem einen oder anderen Werk der Schriftsteller und Philosophen, die in diesem Büchlein genannt werden, zu greifen, um sich ein Bild von einer Welt zu verschaffen, die in unserem Zeitalter unterzugehen droht, wenn sie nicht schon untergegangen ist.

Es müssen nicht gleich Kant oder Lessing sein, die „Pälzisch Weltgeschicht" tut es auch. Letztlich nehme ich, natürlich im Bonsai-Format, für mich in Anspruch, was Goethe über Lichtenberg gesagt hat: „Wo er einen Scherz macht, da liegt ein Problem verborgen."

Bernd Lütz-Binder

Inhaltsverzeichnis

Benedikts „Göttliche Komödie"

Ich bin Diogenes, und zwar der aus Sinope und nicht der aus Apolonia, der sich noch heute in philosophischen Lexika mit seinen unzutreffenden Lehrmeinungen breitmacht, während ich nur noch in Anekdoten fortlebe. Mich hat ein Deutscher mit einem erbarmungslosen Federstrich heimatlos gemacht, indem er - es soll sich um einen gewissen Benedikt handeln - die Vorhölle, mein bisheriges Zuhause, einfach abgeschafft hat. Neben mir hat es, um nur die Wichtigsten zu nennen, Sophokles, Platon, Orpheus und Euridike, Ovid und Cicero, Cäsar und selbst seinen Mörder Brutus erwischt. Sie alle haben sich mit mir dort aufgehalten, was schon bei einem Herrn Dante nachgelesen werden kann, der uns damals im 13. Jahrhundert, von unserem Mitbewohner Vergil eingeladen, besucht hatte.

Zu meiner Zeit, als ich starb, gab es lediglich den Hades, wo wir uns alle nach dem Tode versammelt haben. Ein an sich ruhiger, aber etwas gruseliger Ort, der dann aufgegeben werden musste, als völlig überraschend das Christentum über uns hereinbrach. Nun war natürlich die große Frage: Was mit all denen machen, die keinen Anspruch auf das ewige Himmelreich haben, weil sie nicht getauft worden waren? Wir konnten ja überhaupt nicht getauft sein, da man logischerweise nicht in einen Verein eintreten konnte, bevor der überhaupt gegründet wurde.

Ich darf das an einem Beispiel klarmachen. Der Lions-Club ist 1917 gegründet worden, so dass es für viele Menschen, die eigentlich wegen ihrer gefühlten Bedeutung in diesen Club schon immer hinein wollten, nicht in Frage kommen konnte, dort schon im Jahre 1914 einzutreten. Uns wurde bei Schließung des Hades die Übersiedlung in die sogenannte Vorhölle angeboten, das heißt, wir wurden ungefragt einfach zwangsumgesiedelt. Nun konnte man sich auch in der Vorhölle einrichten, die von ihrer Ausstattung eher Himmel zweiter Klasse hätte genannt werden sollen. Kaum hatte man sich in zwei Jahrtausenden (unter dem Aspekt der Ewigkeit ist dies ein Wimpernschlag) daran gewöhnt, hat eben dieser Benedikt, der zur Zeit sehr viel in solchen Sachen zu sagen hat, unsere Unterkunft geschlossen. Und plötzlich standen wir alle hilflos auf der Milchstraße.

Wie es den anderen, Vergil und Konsorten, ergangen ist, weiß ich nicht. Ich hatte jedenfalls unheimliches Glück, denn ich war bereits aus der Vorhölle mit der

Außenwelt in unzensierten Briefverkehr getreten und hatte dadurch im letzten Jahrhundert den Homer der Pfalz, einen gewissen Paul Münch, kennengelernt, der mir die Vorzüge seiner Heimat, Pfalz genannt, farbig schilderte - Vorzüge, die mich selbst im „Zweitklasshimmel" neidisch gemacht haben. Er hat darüber auch ein Buch geschrieben, das er mir zukommen ließ, die „Pälzisch Weltgeschicht". Darin ist eindeutig bewiesen worden, wo sich das Paradies wirklich befindet. Von ihm kam auch das Angebot, wenn es mir im „Zweitklasshimmel" zu langweilig werden sollte, zu ihm überzusiedeln. Er habe mit der pfälzischen Regierung bereits die entsprechenden Vorkehrungen getroffen.

Kurz und gut, bei Schließung der Vorhölle war dieser Pfalz-Homer bereits in den eigentlichen Himmel aufgenommen worden. Denn bereits zu Lebzeiten war er ein integer Mann gewesen und hat nur ganz kurze Zeit in einem Zwischenreich, das man dort Fegefeuer nennt, verbleiben müssen - dies nur wegen einiger Komma-Fehler, die ihm in seinem Buch unterlaufen waren. Freundlicherweise hat er sich erboten, mich bei Schließung des „Zweitklasshimmels" abzuholen und mich mit in die Pfalz zu nehmen und für diese Aktion die Erlaubnis erhalten, den Himmel verlassen zu dürfen, um mir meinen Platz im eigentlichen Paradies zeigen zu können.

Nie werde ich den Augenblick vergessen, als wir die Madenburg besuchten, dort auf einer Mauer sitzend die Beine baumeln ließen und in die Ebene schauten. Alles, was mir bisher als Paradies angeboten worden war, verblasste vor dieser mir sich jetzt bietenden Möglichkeit - was sage ich Möglichkeit, es war beseeligende Wirklichkeit. Mein Freund Paul ist bei mir geblieben. Wir durchstreifen die Pfalz, ich bin glücklich und die innige Beziehung zu den Pfälzern ergibt sich schon aus meinem früheren Wohnort, einem Fass, ein Kultgegenstand, der in dieser Gegend bekanntlich eine inbrünstige Verehrung erfährt.

Jedenfalls hat mir dieser Benedikt, der im übrigen aus Bayern stammt - was die pfälzische Regierung veranlasst haben soll, mich überhaupt aufzunehmen, weil sie aus historischer Verbundenheit mit Bayern sich in der Pflicht sah, mir eine neue Heimat zu bieten - , durch die urplötzliche Schließung der Vorhölle eine völlig neue Chance und Lebensdimension eröffnet, für die ich ihm im Grunde dankbar sein muss.

Vor allem stehe ich aber in der Schuld von Münch und den Pfälzern, die mich nach dem Verlust meiner Zwangsheimat so freundlich aufgenommen haben und Paul will, seit er mich kennt, nicht mehr in den Himmel zurück. Er hat mir auch die Sache mit dem Fegefeuer erklärt, das nach wie vor, so jedenfalls seine Information, fortbestehen soll, und zwar in einer Weise, die ich, nachdem ich jetzt schon einige Monate in der Pfalz weile, sofort verstanden habe. Er hat gesagt, es verhalte sich mit dem Fegefeuer und dem Himmel, um es kulinarisch auszudrücken, so, dass die armen Seelen Jahrtausende zu Mc Donald's müssten, ehe sie zum Kuntz nach Hayna dürfen.

Xanthippe und Sokrates oder:
Was Philosophen antreibt

An sich ist mir Neid fremd, da ich mir selbst genüge und mit mir im Reinen bin. Allerdings muss ich zugeben, dass ich auf einen mit Demut, aber einem gewissen Stachel im Herzen blicke, nämlich auf den göttlichen Sokrates. Wie alle ganz Großen der Weltgeschichte hat er selbst keinen Satz zu Papier gebracht, ebenso wenig wie Buddha, Konfuzius oder auch Jesus. Ihre Sentenzen sind durch Dritte überliefert worden, und hätte Goethe Eckermann früher engagiert, er hätte es wohl genauso gehalten.

Sokrates hatte das Glück, in Platon einen Ebenbürtigen zu finden, der aus den Gesprächen mit ihm die Perlen herausfischte und uns im Meer seine Philosophie überlieferte. Vor allem fasziniert mich die Art und Weise, wie - wenn wir Platon in den Dialogen Glauben schenken dürfen - er die Probleme im Gespräch angepackt hat und im Wesentlichen immer zu dem Ergebnis kam, dass sich hinter jedem anscheinend gelösten Rätsel ein neues, viel größeres auftut und er deshalb in die berühmte Sokratische Aporie geriet, in eine Ausweglosigkeit, die anzuerkennen und anzunehmen im Grunde den Sinn des Lebens ausmacht.

Was aber trieb Sokrates schon früh am Morgen auf den Marktplatz, um den ganzen Tag in Gesprächen zu verbringen und abends nicht etwa brav zu seiner Ehefrau heimzukehren, sondern sich mit jungen Freunden in Gelagen zu vergnügen, bei denen natürlich auch, so jedenfalls seine Ausrede gegenüber Xanthippe, philosophiert wurde? Der Name ist gefallen: Xanthippe. Wie viel Boshaftigkeit und Spott hat dieser Name schon ertragen müssen, er ist zum Pseudonym der bösen, völlig unerträglichen Ehefrau geworden und hat diesen Ruf durch die Jahrhunderte nicht etwa eingebüßt, sondern er ist ständig vergrößert worden.

Nun nimmt es natürlich Wunder, dass ein so weiser Mann sich eine solche Frau erwählte. Es ist überliefert, dass Xanthippe ganze 15 Jahre alt war, als das Auge von Sokrates auf sie fiel und man hat dann auch, wie es damals üblich war, sofort geheiratet. Als man ihn einmal fragte, warum er diesen doch abenteuerlichen Schritt gewagt und sich in die Fänge dieser nun wirklich nicht einfachen Frau begeben habe, antwortet er: „Meine Freunde, wer es mit ihr aushält, der kommt mit allen zurecht." Er hat also seine Ehe als eine Art Übung im Umgang mit den

Menschen gesehen und konnte, da er mit einer sehr schwierigen Frau verheiratet war, die daraus gezogenen Lehren auf seine anderen Lebensverhältnisse nutzbringend übertragen.

Es gab oft Streit im Hause Sokrates. Es ist die Geschichte überliefert, dass die boshafte Xanthippe dem spät heimkehrenden Sokrates, der wieder mit seinen Freunden unterwegs gewesen war und von einem derselben (es wird wohl Alkibiades gewesen sein) heimbegleitet wurde, aus dem Fenster des Hauses den gefüllten Nachttopf mit wütendem Geschrei überschüttete, was Sokrates zu der Bemerkung veranlasste: „Wenn Xanthippe donnert, dann regnet es auch gleich."

Mein Freund Paul Münch war durch diese Erörterungen sehr angeregt und verwies darauf, dass die Frau nicht nur im speziellen Fall eine große Bedeutung habe, sondern dass sie auch für die gesamte Welt- und Heilsgeschichte eine wesentliche (ich weigere mich, das Wort katastrophal einzubringen) Rolle gespielt habe. Er hat dies in seiner „Pälzisch Weltgeschicht" in seinem Gedicht „'s Paradies" auf den Punkt gebracht:

„Nor in de Mitt' vum Paradies, / do wo vielleicht heit Lautre is, / do war e Baam, ganz dick un breet, / mit Äppel erschter Qualidät. / Do saî emol de liewe Gott: / Die Äppel sin eich streng verbott / un wann se noch so lieblich glänze, / do derfen ehr Kee eener strenze! / Die Eva awer war e Fraa, / wie heit noch all die Weibsleit aa, / un's dauert werklich gar nit lang, / do is se an die Äppel gang." Damit hat Paul schlagend bewiesen, dass die Schwierigkeiten mit den Frauen schon im Paradies begonnen haben.

Wir kehrten dann zu Sokrates und seinen Lehren zurück und wandten uns den Dialogen zu, von denen ein berühmter neuzeitlicher Philosoph einmal behauptet hat, er habe sich bei der Lektüre fürchterlich gelangweilt. Dem konnten wir nicht beipflichten. Wir haben dann einen Dialog nachgespielt, um zu zeigen, wie amüsant auch derartige Erörterungen sein können, wobei die alte sokratische Methode zum Vorschein kommt, völlig klar scheinende Dinge so lange zu hinterfragen, bis sie unklar werden oder eine völlig andere Bedeutung gewinnen und uns zeigen, dass eben die Dinge nicht so sind, wie sie scheinen.

Sokrates steht wie immer auf dem Markt, als ein Mann, von einem Ordnungsbeamten Athens verfolgt, in großem Tempo auf ihn zurennt. Der den Mann verfolgende Beamte ruft Sokrates zu: „Halte ihn, halte ihn Sokrates." Sokrates ließ jedoch den Mann, ohne einen Versuch zu machen ihn aufzuhalten, vorbei. Als der Polizist außer Atem bei ihm angekommen war, fragte er: „Warum hast du ihn denn nicht gehalten?" - „Warum sollte ich ihn denn halten?" - „Weil er ein Mörder ist!" - Darauf Sokrates: „Ja, was ist denn ein Mörder?" - „Ein Mörder", so der Beamte, „ist ein Mann, der tötet." - „Ah, ein Metzger." - „Nein, Sokrates, ein Mörder ist ein Mann, der einen Menschen tötet." -„Oh, ein Soldat?" - „Sokrates, ein Mörder ist ein Mann, der einen anderen Menschen im Frieden tötet." - „Oh, ein Henker?" - „Nein, Sokrates. Ein Mörder ist ein Mann, der einen anderen Mann mitten im Frieden in dessen eigenem Haus tötet." - „Warum sagst du es denn nicht gleich: ein Arzt."

Mit vielen Grüßen an meinen alten Freund und Hausarzt Dr. Friedrich Grassmann, der mich dankenswerter Weise bis heute leben ließ.

Aufklärung aus Edesheim und Voltaires Abgang

An einem schönen Sommertag, Paul Münch und ich stiegen gerade nach einer Besichtigungstour vom imposanten Trifels in Annweiler herunter, kamen wir ins Gespräch über den kulturellen Einfluss der Pfalz auf das gesamte Weltgeschehen. Münch deutete an, dass den Pfälzern der Ruf vorausgehe, das meiste, was sie lesen würden, sei Wein. Er blieb aber nicht bei dieser kulturpessimistischen Behauptung, sondern wies darauf hin, dass aus Pfälzer Landen sehr viel Bedeutendes, auch kulturell Bahnbrechendes und vor allem politisch Großartiges, hervorgegangen sei.

Er erinnerte an das Hambacher Fest 1832, das als Fanal demokratischen Bewusstseins auch heute noch wach ist, er gedachte eines Philosophen wie Ernst Bloch, der, geboren in Ludwigshafen, Weltruhm erlangte und kam schließlich auf Hugo Ball, der aus Pirmasens stammend, eine ganze Bewegung, nämlich den Dadaismus, ins Werk gesetzt hat. Was das Philosophische angeht, so gibt es aber einen berühmten Mann, der aus Edesheim in der Pfalz stammt, nämlich Paul Thierry von Holbach, ein philosophischer Star der Aufklärung. Er ist geboren worden in einem Haus, das heute noch in Edesheim zu besichtigen ist, nämlich im sogenannten Kupperwolf-Schlösschen.

Holbach hat es allerdings nicht lange in seiner pfälzischen Heimat gehalten. Er ist nach Frankreich gegangen und hat in Paris Weltruhm erlangt, weil er dort in seinem Haus den berühmten Holbachschen Salon führte und Gastgeber war für so prominente Leute wie Rousseau, Voltaire, D'Alembert und Diderot. Von diesem Haus aus ist die Welt verändert worden. Im Jahr 1989 hat zu seinem 200. Todestag auch die Pfalz mit einem kleinen Gedenkbändchen an ihn erinnert.

Er war Anreger für Feuerbach und Karl Marx und hat durch seine berühmte Schrift „Das System der Natur" großes Aufsehen erregt und sogar Friedrich den Großen erzürnt, nicht weil er gegen Gott und die Kirche zu Felde zog, was dem Monarch wohl eher gefallen haben dürfte, sondern weil er gleichzeitig damit den Absolutismus ins Wanken zu bringen drohte. Münch bedeutete mir, dass allein dieser Mann aus dem kleinen Edesheim Beleg für die pfälzischen Geisteskräfte ist, die wie Hefeteig die Welt durchdringen.

Holbach war so radikal, dass er sogar Voltaire erschreckte und Münch wies auf ein Zitat von ihm hin: „Die Religion ist die Kunst, die Menschen mit Schwärmerei zu betäuben, um sie daran zu hindern, sich mit jenen Übeln zu befassen, mit denen sie von jenen, die sie regieren, überladen werden. Mit Hilfe der unsichtbaren Mächte, mit denen man ihnen droht, zwingt man sie, mit Stillschweigen das Elend zu erdulden, das ihnen von den sichtbaren Mächten auferlegt wird. Man lässt sie hoffen, dass sie in einer anderen Welt glücklicher sein werden, wenn sie sich damit abfinden, in dieser Welt unglücklich zu sein."

Dass ein solcher Satz im absolutistischen 18. Jahrhundert für Aufsehen sorgte, braucht wohl nicht besonders erwähnt zu werden. Paul erinnerte auch daran, dass der Fürstbischof von Speyer sich gegen solche Angriffe mit der Beschlagnahmung der Bibliothek in Edesheim wehrte, was den in Paris weilenden Freigeist allerdings wenig kümmerte. Ich war beeindruckt von dem Bericht meines Freundes und musste ihm recht geben, dass wirklich bahnbrechende Impulse für das Geistesleben von diesem kleinen, beschaulichen, wunderschönen Flecken ausgegangen sind.

So verplauderten wir unseren Heimweg und Paul sagte, selbst ein so freier Geist wie Voltaire sei vor den Folgerungen unseres Pfälzer Landsmannes manchmal zurückgeschreckt, da er nicht ständig in Schwierigkeiten mit den Fürstenhäusern kommen wollte. Das Gespräch lief dann aus über die Betrachtung Voltaires und Paul steuerte eine Anekdote bei. Als Voltaire auf dem Sterbebett lag und der Priester ihn aufsuchte, um den letzten Versuch zu machen, ihn für den wahren Glauben zu retten und ihm nahelegte, jetzt endlich dem Teufel abzuschwören, erntete er die folgende Antwort des Philosophen: „Finden Sie den Zeitpunkt gut gewählt, sich jetzt neue Feinde zu machen?"

Kunst ist schön, aber schwer zu machen

Neulich haben sich Paul Münch und ich zu einer Wanderung auf-gemacht, die uns zum Slevogthof führte, in das Refugium eines berühmten Impressionisten, der dem Reiz der Pfalz nicht wider-stehen konnte und sich dort ansiedelte. Ein herrlicher Blick be-lohnte unsere Mühen und wir kamen - von der Natur angeregt - unwillkürlich in ein Gespräch über die Kunst, die nicht nur die Natur abbilden, sondern ihr geheimes Innenleben offenlegen sollte, nämlich die Bildhauerei und Malerei.

Ein sehr tiefsinniger bayerischer Philosoph, der zu Unrecht nur als Komiker gehandelt wird, hat einmal gesagt: „Kunst ist schön, aber schwer zu machen." Wir räsonierten über diesen Satz und Paul bot etwas an, was diesem Spruch zu widersprechen schien. Er erzählte die Geschichte des Mannes, der eines Tages auf einem Spaziergang an einer Bildhauerwerkstatt vorbeikam und dort den Künstler damit beschäftigt sah, an einem vor ihm stehenden Steinblock mit schwerem Gerät zu meißeln.

Als der Spaziergänger nach geraumer Zeit zurückkehrte, hatte der Meister aus diesem mächtigen Block einen filigranen Adler herausgemeißelt. Vor Staunen hielt der Mann inne und sagte zu dem Bildhauer: „Es muss doch sehr schwer sein, aus einem so mächtigen Block ein solches Gebilde herauszuschälen." Da schaute der Künstler nur kurz über seine Schulter und erwiderte: „Das ist gar nicht schwer. Ich stelle mich vor den Steinblock und haue alles weg, was nicht nach Adler aussieht."

Eine wunderschöne Geschichte, die mich davon überzeugte, dass es dem wirklichen Künstler wohl nicht so schwer fallen dürfte, ein Kunstwerk zu schaffen, weil es in seinem Geist und seiner Seele bereits fertig ist und lediglich noch auf das jeweilige Material übertragen werden muss. Das Kunstwerk muss also im Inneren des Künstlers bereits vorhanden sein, so wie es Kaspar David Friedrich ausgedrückt hat: „Der Maler soll malen, was er vor sich sieht. Er soll aber vor allem malen, was er in sich sieht. Sieht er aber nichts in sich, so soll er es auch unterlassen, zu malen, was er vor sich sieht."

In die gleiche Kategorie einzuordnen ist der Ausspruch eines ganz Großen dieses Fachs, Pablo Picasso, der gesagt hat: „Ich suche nicht. Ich finde." Es ist allein dem

Armin Holl

Genie vorbehalten, nicht suchen zu müssen, sondern einfach finden zu können. Wir anderen Sterblichen müssen Tonnen von Geröll bewegen, um vielleicht irgendwann einmal ein Goldkörnchen zu finden.

Ich konnte mir dann nicht versagen, auf unsere großen Künstler in der Antike hinzuweisen, auf Phidias, den Bildhauer und sein Pendant und Konkurrenten Praxitiles. Beide haben ihre künstlerischen Spuren in unserem Lande in großartiger Weise hinterlassen. Dabei fiel mir die Geschichte eines Malwettkampfes auf dem Marktplatz von Athen ein, die zum Thema passte und die ich einflocht.

In Athen fand das alljährliche Künstlerfest statt. Nachdem eine Jury aus den vielen eingereichten Gemälden die besten zwei ausgewählt hatte, wurden diese auf dem Marktplatz zur Begutachtung durch das Volk, das dann auch den Sieger durch Abstimmung bestimmen sollte, ausgestellt. Beide Werke waren mit einem Tuch verhüllt. Der oberste der Richter forderte den ersten Künstler auf, das Tuch zu entfernen. Der folgte dem Befehl und es kam ein so wunderschönes und der Natur entsprechendes Stilleben mit Äpfeln, Birnen und anderen Früchten zum Vorschein, dass die Tauben auf den Dächern der Tempel sich erhoben und auf das Bild zuflogen, um sich die köstlichen Früchte zu holen.

Das Volk brach in einem Jubelsturm aus und fast mitleidig sagte der Kunstrichter zu dem zweiten Maler, die Sache sei ja wohl gelaufen. Da er aber schon anwesend sei, möge er auch sein Bild enthüllen. Daraufhin meinte der Künstler ganz bedächtig, er könne dieser Aufforderung nicht folgen, denn das Tuch sei gemalt. Paul Münch bemerkte dazu, man könne immer noch einen draufsetzen, was wohl die Quintessenz dieser Geschichte neben dem künstlerischen Aspekt sein dürfte.

So verplauderten wir unseren Spaziergang mit diesem angenehmen Thema. Wir waren fast schon in unserem himmlischen Asyl angekommen, als Paul darauf hinwies, auch die Pfälzer seien ausgesprochen kunstsinnig. Unsere beiden Pfälzer Philosophen Schorsch aus Insheim und Heiner aus Knittelsheim hätten auf einer Kunstreise viele Museen Europas aufgesucht. Als sie vor dem hinreißenden Bild mit dem Titel „Jesu Geburt" standen - es wies alles auf, was zu dieser Szene gehört: Ochse, Esel, Maria, Josef und in der Krippe ein nacktes, entzückendes Jesuskind - , habe sich Heiner an Schorsch gewandt und gesagt: „Do hoschd's widder. Kän Lumbe uffem Arsch, awer vum Rembrandt mole losse."

Plädoyer für nur eine schwarze Katze

In aller Früh, ich hatte mich gerade mit dem Tag angefreundet, kam Paul Münch, eine Zeitung schwenkend, vor meine Tonne, die ich natürlich als Requisite auch in den modernen Zeiten beibehalten habe und war vor Empörung außer sich: „Da haben wir es wieder, sie schlagen sich der Ehre des Allmächtigen wegen tot." Er brach in ein großes Lamento aus, weil wieder ein Anschlag irgendwo im Orient passiert war, wo sich Menschen, die sich für Märtyrer hielten, unter Mitnahme völlig Unschuldiger ins Jenseits gebombt hatten.

So kamen wir zwangsläufig in ein Gespräch über die Auswirkungen der Religionen auf das Weltgeschehen und sind dann von den Tagesereignissen abschweifend zu elementaren Überlegungen vorgedrungen. Alle Religionen, gab ich zu bedenken, haben ihren eigentlich Grund darin, dass die meisten Menschen eine völlig unbegründete Furcht vor dem Tod haben. Denn der von mir sehr verehrte Epikur hat schon vor langer Zeit folgendes zum Ausdruck gebracht: „So ist denn der Tod ein Nichts, denn solange wir da sind, ist er nicht da und wenn er da ist, sind wir nicht mehr da. So betrifft er weder Lebendige, noch Tote."

Lieb geworden ist mir dieser Ausspruch vor allem in der modernen Übersetzung von Woody Allen: „Ich habe keine Angst vor dem Tod. Aber wenn er kommt, möchte ich nicht zu Hause sein." Ein berühmter Philosoph des letzten Jahrhunderts hat zu diesem Problem festgestellt: „Wir Lebendige sterben den Tod im Leben, im Tode werden wir unsterblich."

Leider sind von diesen Weisheiten nur sehr wenige erfasst und viele flüchten sich vor dieser Urangst in Systeme, die ihnen vorgaukeln, nach dem Tod begänne das eigentliche Leben, während das deutsche Liedgut dies immerhin mit dem 66. Jahr beginnen lässt. Der Tod war eine sehr gute Erfindung der Herrschenden, um die Massen über die Jahrhunderte und Jahrtausende ruhig zu halten und sie auf ein besseres Jenseits zu vertrösten, eine Methode, die bis heute ihre Früchte trägt und im Grunde unter leichten Verbesserungen der Gesamtsituation diese Art der religiösen Sklavenhaltung weiterhin andauern lässt.

Gerade der Islam, so Paul Münch, sei wieder in eine militante Phase eingetreten und er erinnerte daran, dass Schopenhauer in einer Randbemerkung den Propheten als

„diesen Kameltreiber aus Medina" bezeichnet habe, eine Wendung, die ihm heute wahrscheinlich die Häscher auf den Hals bringen würde. Warum, so fragte Paul, war der Islam nach dem Jahre 622 so erfolgreich und hat die Iberische Halbinsel bis zur Hälfte 800 Jahre lang beherrscht? Einfach deshalb, weil er aus fünf ganz einfachen Regeln besteht, gegen die das Christentum sich sehr kompliziert ausnimmt (man denke nur an die Heilige Dreifaltigkeit) und weil die Massen, die ja Analphabeten waren, dieses einfache Lehrgebäude zu schätzen wussten und sich deshalb daran hielten.

Nachdem wir so unserem Herzen Luft gemacht hatten, wies ich Paul Münch (ich habe mich natürlich in seine Schriften versenkt) darauf hin, dass er für die Pfalz, was die Christianisierung angeht, als Beispiel die Pirmasenser gewählt und sie in seiner „Pälzisch Weltgeschicht" mit folgenden Versen religiös gebrandmarkt habe: „In Bärmesens hot unerdes, / de alt Perminius geses. / Der hot e saur Amt gehat, / in dere beese Schlappeschtadt. / Der hot de ganze Dach gelert / uns Evangelium erklärt. / Und hot gebredigt und gebet / von morjens frih bis owens spät / und hot gered als wie en Engel, / es hot nix geholfe bei denne Bengel, / sie hanem fascht nied zugehert / und nor e paar hen sich bekehrt. / Ach heit noch sin die Bärmesener, / die allergreschte Kerscheschwänzer. / Uns kann ken Teifel unerscheide, / sin's Krischte oder sin's noch Heide."

Der Pfälzer ist eben in seiner typischen Ausformung kein Menschentyp, der sein Heil im Jenseits sucht, sondern der sich im Diesseits einzurichten weiß und die Leberwurst vor seiner Nase dem Ungewissen Manna in der Ewigkeit vorzieht. Und weil eine jede Glaubensrichtung ihre Auffassung für die allein wahre hält, kommt es immer wieder zu Auseinandersetzungen zwischen den Religionen, die die ganze Welt erschüttern und die im Grunde vor dem Forum eines nüchternen Geistes als völlig absurd angesehen werden müssen. Aber da sich der Geist im Wesentlichen aus der Welt entfernt haben dürfte, falls er überhaupt hier irgendwann einmal geweht hat, werden wir noch schlimmeren Zeiten entgegengehen.

Nun ist es ja mit der Erleuchtung von oben so eine Sache (man denke nur an die bayerische Staatsregierung) und Paul erinnerte an die Geschichte von dem Betriebsausflug im Himmel. Die Engel stritten sich schrecklich, wohin man diesmal fahren solle und auf den Einwand des Erzengels Michael, man könne doch wieder einmal nach Rom fahren, vom Heiligen Geist die völlig überraschende Antwort erntete: „Rom ist gut, da war ich noch nie."

Wenn es doch nur eine Religion auf der Welt gäbe, an die sich alle halten könnten, dann würden wir uns diese ganzen tödlichen Streitereien ersparen.

Was ist denn Philosophie, fragte mich Paul vor diesem Hintergrund und gab sich selbst die Antwort: „Philosophie ist die Suche nach einer völlig schwarzen Katze in einem völlig dunklen Raum." Und was ist Metaphysik? Auch auf diese Frage gab er sich die Antwort wiederum selbst: „Metaphysik ist die Suche nach einer völlig schwarzen Katze in einem völlig dunklen Raum, wobei sich die Katze nicht im Raum befindet." Und Religion, so endete er, sei die Suche nach einer völlig schwarzen Katze in einem völlig dunklen Raum. Zwar befinde sich die Katze ebenfalls nicht im Raum, aber plötzlich rufe einer: „Ich habe sie."

Solange sich die Religionen dieser Welt gegenseitig dieses „Ich habe sie" zurufen und den anderen die nicht vorhandene Katze im dunklen Raum verwehren, wird es immer wieder zu diesen Erschütterungen kommen. Ach, gäbe es doch nur eine schwarze Katze im dunklen Raum, die nicht vorhanden ist und von der alle verbindlich rufen könnten: „Wir haben sie." Leider ist dem nicht so und so werden sie sich weiter ihre nicht vorhandenen Katzen um die Ohren hauen.

Der zerrissene Esel und
die tote Schwiegermutter im Kofferraum

Dieser Tage hatten Paul und ich einen langen Disput über die Rhetorik im Altertum und ihre Wirkung auch auf die Neuzeit, vor allem, was ihr Einfluss im gerichtlichen Bereich angeht. Paul hat lange Zeit an einem humanistischen Gymnasium unterrichtet, war zwar nur für den Zeichenunterricht verantwortlich, aber, wie er immer betonte, humanistisch ausgebildet. Da er im Umkreis von Altphilologen sein Leben verbringen musste oder durfte, ganz wie man es sehen mag, hat er natürlich von dieser Nachbarschaft viel profitiert und kannte sich aus.

Zunächst wies mein Freund darauf hin, dass Aristoteles die Rhetorik mit der Dialektik verglichen und beide als Schwestern bezeichnet habe. Er machte mir auch den Unterschied zwischen beiden klar und natürlich kamen wir im Gespräch nicht an Cicero, dem Muhammad Ali der römischen Rhetorik, vorbei. Wir waren also in der schönen Gefahr, uns in einen wissenschaftlichen Diskurs zu verlieren, als ein Beispiel rhetorischer Wirkungen uns auf den Boden der Tatsachen zurückbrachte. Paul wusste nämlich zu berichten, dass es bei Christoph Martin Wieland in seiner Abhandlung „Geschichte der Abderiten" eine treffliche Erzählung gebe mit dem Titel „Prozess um des Esels Schatten."

Die Geschichte ist schnell erzählt. Ein Zahnarzt aus Abdera reiste in einen Nachbarort und mietete sich dafür einen Esel mit Treiber. Als es mittags sehr heiß wurde, ließ der Zahnarzt anhalten, um sich im Schatten des Esels auszuruhen. Für die Inanspruchnahme des Schattens des Tieres verlangte der Eseltreiber nun Geld, weil dies eine zusätzliche Leistung sei. Der Zahnarzt verweigerte die Bezahlung und es kam zum Prozess. Der Anwalt argumentierte, der Zahnarzt habe den Esel gemietet und damit auch dessen Schatten. Da der Schatten kein Zubehör des Esels sei, könne auch kein Geld für ihn verlangt werden.

Der Anwalt des Eseltreibers erkannte sofort, dass er auf dieser Ebene kein Land gewinnen könnte und ließ sich folgendermaßen ein: Natürlich sei es unsinnig, für einen Schatten Bezahlung zu verlangen. Der Eseltreiber sei aber ein einfältiger Mensch, der sich eben nicht besser ausdrücken könne. Worum es hier wirklich gehe, sei der Zeitverlust während dieser Pausen und dieser müsse natürlich bezahlt werden. Der Anwalt des Zahnarztes wehrte sich gegen diese Änderung des

Armin Hott

Gesichtspunktes - wir würden heute sagen, er wandte sich gegen die Klage-
änderung - , trug vor, es sei eindeutig Geld für den Schatten des Esels verlangt
worden und nicht für den Zeitverlust. In dieser Art ging es noch geraume Zeit hin
und her. Die zur Entscheidung aufgerufenen Bürger von Abdera waren durch diesen
rhetorischen Schlagabtausch derartig benommen, dass sie schließlich den Esel in
Stücke zerrissen. Leider gibt es diesen brutalen, aber nervenschonenden Ausweg in
modernen Prozessen nicht.

Paul wusste auch noch eine andere Geschichte, die rhetorische Anwaltskunst
ins rechte Licht rückt. Ein Anwalt fährt mit seinem Pkw in einer Zone, in der
30 Stundenkilometer erlaubt sind, 80 km/h und wird von einem Polizeibeamten
angehalten, der ihn anherrscht: „Sind Sie wahnsinnig, hier gilt Tempo 30 und Sie
brettern hier mit 80 durch die Gegend. Zeigen Sie mir Ihren Führerschein." Der
Fahrzeugführer entgegnet, er habe nie einen solchen gemacht, woraufhin ihn der
Beamte auffordert, unverzüglich wenigstens die Fahrzeugpapiere vorzulegen.
Der so Angesprochene erwidert, er habe zwar Fahrzeugpapiere, diese seien aber
vorne rechts im Fach und er weigere sich dieses zu öffnen, denn darin befinde
sich ein geladener Revolver, er sei nervös und wisse nicht, wie er reagiere. Im
gleichen Atemzug bittet er eindringlichen darum, den Kofferraum nicht zu öffnen,
denn er habe seine Schwiegermutter erschossen und die befinde sich jetzt tot im
Kofferraum.

Den Beamten ergriff das blanke Ersetzen und er rief sofort seinen Chef an, um
ihm den Vorfall zu schildern und ihn zu bitten, persönlich einzugreifen. Der Chef
kommt und fordert den Fahrzeugführer auf: „Ihren Führerschein, bitte!" „Bitte
sehr, der Herr", erwidert der Anwalt höflich und übergibt die Fahrerlaubnis.
Er reicht auch nach entsprechender Aufforderung die Fahrzeugpapiere durchs
Fenster. Als man den Kofferraum öffnet, befindet sich außer dem Abschleppseil
nichts drin. Der völlig irritierte Polizeichef wiederholt die ihm von seinem
Untergebenen geschilderten Umstände, dass der Fahrzeugführer angeblich keinen
Führerschein habe, sich weigere, die Fahrzeugpapiere zu zeigen, weil ein Revolver
im Handschuhfach liege und schließlich befinde sich im Kofferraum seine getötete
Schwiegermutter.

Der Anwalt lächelt milde und sagt: „Ist das derselbe Beamte, der behauptet, ich sei
hier 80 km/h gefahren?"

Über Knittelsheim nach Peking oder: Betrachtungen über Raum und Zeit

 Manchmal kommt mich die Lust an, über die geistigen Leistungen zu sprechen, die in der Vergangenheit von uns Griechen erbracht worden sind. Paul Münch ist dann immer sehr gutmütig, bedeutet mir, dass ihn dies ebenfalls interessiere und lässt mir Freiraum, meine Gedanken zu entwickeln, ohne mich zu unterbrechen, es sei denn, er hat einen Einwurf, der dann aber so geartet ist, dass er mich geistig vorwärts bringt.

Ich habe ihm klar gemacht, dass ich im Grunde unverdientermaßen in den Augen der breiten Masse als Philosoph gelte, wenn ich an - und ich scheue mich fast, das Wort zu gebrauchen - Kollegen wie Parmenides aus Elea oder Heraklit aus Ephesus denke. Auch Zenon, ein Schüler des Parmenides, hat sich in der Öffentlichkeit länger gehalten als sein Lehrmeister, weil er durch sein berühmtes Beispiel, das als „Achilles" in die Philosophiegeschichte eingegangen ist, die Zeiten überdauert hat. In seinen sogenannten „Paradoxien" ist dieses Juwel enthalten: Das langsamste Wesen (die Schildkröte) kann vom schnellsten (Achilles) nie eingeholt werden, denn notwendigerweise muss das verfolgende Wesen immer, bevor es einholt, zu dem Punkt kommen, von dem das verfolgte Wesen sich schon entfernt hat, so dass das langsamere Wesen denkgesetzlich immer einen Vorsprung behalten muss.

Dabei will Zenon natürlich nicht beweisen, dass Achilles die Schildkröte nicht tatsächlich einholt, denn dies wäre ja ein völlig unsinniges Ergebnis. Er will nur zeigen, dass man, wenn man Bewegung und Raum als seiend annimmt, jenen Vorgang nicht ohne offenbaren Widerspruch sich denkend vergegenwärtigen kann, ohne dass einem dabei schwindlig wird.

Ich will diese logischen Widersprüche hier nicht erörtern, die sich aus diesem Beispiel ergeben, sondern nur darauf hinweisen, dass eines der ganz großen philosophischen Probleme das von Raum und Zeit ist. Paul Münch pflichtete mir bei, indem er Beispiele aus der modernen Philosophie anführte, auf Leibniz und dessen Raumbegriff hinwies und auch Kant zu Wort kommen ließ. Wir wollen dies alles übergehen.

Was den Zeitbegriff angeht, so sagen wir Menschen: die Zeit vergeht, was ein großer Irrtum ist. Die Zeit steht still. Was vergeht, sind wir vor dem Hintergrund

der Zeit. Wir sind im Grunde nichts anderes als eine langsam ablaufende Sanduhr. Der Einzige, der für mich plausibel den Begriff der Zeit auf den Punkt gebracht hat, ist der heilige Augustinus, der nicht nur ein gottesfürchtiger Mann, sondern auch ein großer Philosoph war. Von ihm stammt folgende Definition: Es gibt weder Vergangenheit noch Zukunft, sondern nur drei Formen der Gegenwart. Paul Münch warf an dieser Stelle ein, dass schon das Wort Gegenwart im Grunde falsch sei. Denn Gegenwart sei das, was uns entgegenwarte, also eigentlich ein Begriff für die Zukunft, was ausweise, dass wir noch nicht einmal in der Benennung der Zeitformen sicher seien.

Es gibt also, fuhr ich fort, nach Augustinus nur dreimal die Gegenwart. Die Gegenwart der Vergangenheit ist die Erinnerung. Die Gegenwart der Zukunft ist die Erwartung. Und die Gegenwart der Gegenwart, wenn man es so ausdrücken will, ist der Augenschein, der jetzige Augenblick, der uns den anderen gegenüberstehen lässt. Paul fand dies großartig und ließ es als Erklärung gelten.

Was den Raum und seine Überbrückung und die dafür benötigte Zeit angeht, haben wir uns wieder des pfälzischen Philosophen Schorsch erinnert, dieses berühmten Weisen aus Insheim, dem Elea der Pfalz. Schorsch verspürte einmal den großen Wunsch, von Insheim nach Peking zu wandern. Mit den guten Wünschen seiner Kattsche versorgt, machte er sich auf den Weg. Auf der Höhe von Ottersheim traf er seinen Philosophenfreund Heiner aus Knittelsheim, dem Ephesus der Südpfalz, der ihn neugierig fragte, wo er denn mit seiner Wanderausrüstung hin wolle. Schorsch erwiderte, er habe vor, nach Peking zu wandern und wenn man sich schon einmal treffe, so wolle er wissen, ob er sich denn auf dem richtigen Wege befinde. Heiner bejahte dies und wies darauf hin, er sei jetzt in Ottersheim, der nächste Ort sei Knittelsheim und dann müsse er Bellheim durchqueren, um Germersheim zu erreichen und fügte an: „Ab dort zieht's sich."

So viel aus der pfälzischen Philosophiegesichte über Raum und Zeit.

Heidegger in der Straßenbahn oder:
Die Nutzlosigkeit der Pädagogik

 Es liegt in der Natur der Sache, dass mein Freund Paul Münch, der selber lange Zeit Studienrat an einem Gymnasium gewesen ist, sich im Gespräch mit mir vor allem auch pädagogischen Themen zuwenden will. Ich bin nachgiebig genug, dies zuzulassen, obwohl ich von der Pädagogik nicht viel halte. Wir sind in Exkurse darüber geraten, wie berühmte Lehrmeister auf ihre Schüler gewirkt haben, und wenn man nur daran denkt, dass der Lehrer eines gewissen Nero Seneca gewesen ist, dass Aristoteles sich mit Alexander dem Großen abgemüht hat, kann man leicht erkennen, dass die meisten Lehren sich bei den Schülern manchmal nicht nur nicht niederschlagen, sondern ins katastrophale Gegenteil verkehrt werden.

Natürlich konnte bei diesen Gesprächen nicht ausbleiben, dass wir uns Platons großem Werk „Der Staat" zuwendeten, in dem er zu dem Schluss kommt, dass die Staaten am besten regiert würden, wenn die Philosophen Könige wären. Dies ist noch nirgends in der staatlichen Wirklichkeit ausprobiert worden und ich bin mit Paul Münch der Auffassung, dass dies auch in Zukunft nicht geschehen wird.

Platon hat versucht, seine Theorien in die Tat umzusetzen. Er fuhr nämlich zweimal nach Sizilien, um in Syrakus den dortigen Despoten zu unterrichten, zu führen und zu einem weisen Herrscher zu machen. Um es abzukürzen und nicht in historische Kleinigkeiten zu geraten: Er musste um sein Leben fürchten und gelangte nur mit knapper Not lebend aus Syrakus heraus und nach Athen zurück. Der „despotische Schüler" war nämlich nicht nur unbelehrbar, sondern trachtete ihm zum Schluss nach dem Leben, weil er wohl die Diskrepanz zwischen seinem Handeln und den Vorschriften des Philosophen schmerzlich erkannt hatte. Dies ist nur ein Beispiel aus dem reichhaltigen Arsenal der Geschichte, wonach Belehrungen bei Herrschern oft das Gegenteil dessen bewirken, was sie bewirken sollen.

Ein weiterer Beleg dieser These ist das Schicksal des berühmten Philosophen Martin Heidegger, der als Rektor der Freiburger Universität eine Weile meinte, den damaligen „Führer" lenken und im Sinne Platons auf in einwirken zu können. Aber dies schlug natürlich fehl, weil der Philosoph nach geraumer Zeit erkennen musste, dass seine hochfliegenden Pläne nicht anschlagen würden.

Es gibt da die schöne Anekdote von Ende 1933, als Heidegger das Rektorat in Freiburg niedergelegt hatte und dort in der Straßenbahn mit dem berühmten Gräzisten Wolfgang Schadewaldt zusammentraf, der - und dies ist nun eine Pointe allein für Humanisten - den Philosophen fragte: „Na, zurück aus Syrakus?" Besser konnte man das Scheitern des großen Philosophen ironischerweise nicht ausdrücken. Ich glaube, nun dargelegt zu haben, dass das Lehrer-Schüler-Verhältnis in der Geschichte keine Früchte getragen hat. In wissenschaftlichen Bereichen ist jedoch dieses Verhältnis oft sehr fruchtbar, wie Albertus Magnus und Thomas von Aquin zeigen.

Dass die Nutzlosigkeit der Pädagogik sich nicht nur in den oberen Rängen abzeichnet, sondern tief in die Wirklichkeit eindringt, zeigt eine andere Geschichte. In einer ersten Klasse war ein Schüler namens Hans, der unsterblich in sein schönes Fräulein Katharina verliebt war und dies dadurch zum Ausdruck brachte, dass er sie vor der Klasse bei jeder Gelegenheit duzte und ihr zum Ausdruck brachte, dass er sie für sehr schön hielt. Die Lehrerin nahm dies geduldig hin, aber irgendwann holte sie den Schüler zur Seite und bedeutete ihm, sie wisse wohl, dass er in sie verliebt und dies auch gar nichts Schlimmes sei. Aber er solle davon Abstand nehmen, sie vor der Klasse zu duzen. Um ihn zu belehren und ihm dies für alle Zeiten klarzumachen, gab sie ihm eine sogenannte Strafarbeit auf. Er solle 50 Mal schreiben: „Ich darf meine Lehrerin vor der Klasse nicht duzen."

Am nächsten Tag erschien Hans und übergab strahlend seine Strafarbeit. Als die Lehrerin diese kurz ansah, stutzte sie und fragte ihn verwundert: „Hans, ich habe dir aufgegeben, 50 Mal den Satz zu schreiben, du hast ihn aber 100 Mal geschrieben, warum denn?" Der Junge strahlte die Lehrerin an und sagte: „Weil du es bist."

Pädagogik ist nutzlos und gegen Liebe ist oft kein Kraut gewachsen.

Speyer, der Heilige Bernhard von Clairvaux und die verstummte Madonna

Den heutigen Morgen habe ich mit Paul damit verbracht, dass er mir einige Stücke aus seiner „Pälzisch Weltgeschicht" vorlas. Und da blieben wir an einer Geschichte hängen und machten uns sofort auf den Weg nach Speyer. Ausgelöst hatte diesen plötzlichen Entschluss sein Gedicht: „De Cäsar", wo es heißt: „De Cäsar, der hot domols grad, / sich Frankreich unterjocht gehat, / dann ist er in die Palz maschirt / und war doch gar ke Grieg erklärt / und ist gerennt ganz ungeheier / und war uff emol schun in Speyer."

In Speyer besichtigten wir den imposanten Dom. Nun bin ich als Grieche architektonisch sehr verwöhnt, man denke nur an den herrlichen Parthenon auf der Akropolis. Aber ich gestehe: Einen schöneren Innenraum als den des Domes habe ich noch nie vorher gesehen und ich bin der Meinung, dass ich auch keinen schöneren je sehen werde. Dieses Raumerlebnis ist nämlich nicht zu uberbieten. Hier wirkt allein der Raum. Kein unnötiger architektonischer Firlefanz, keine als Ornamente eingesetzten nichttragenden Säulen. Die reine funktionelle Architektur.

Ich bin mit Paul ohnehin der Meinung, dass alles, was architektonisch unnötig ist, keinen baulichen Zweck hat, nicht nur überflüssig, sondern hässlich ist. Dieser Raum in Speyer braucht nichts als sich selbst, er berauscht durch seine Nüchternheit. Später gingen wir in die Kaisergruft zu den Saliern und hätte Paul mir erzählt, die Kaiser seien gestorben und hier begraben, weil sie beim Anblick dieses Innenraums gestorben seien - ich hätte es geglaubt.

Wir setzten uns eine Weile auf eine Bank und Paul wies auf eine große Madonnenstatue aus Lindenholz hin, die - so die Legende - in der Lage gewesen sei, zu sprechen, was natürlich als großes Wunder galt. Eines Tages aber verstummte sie für immer. Ich verbarg mein mir als Philosoph angeborenes Staunen nicht („Der Beginn aller Philosophie ist das Staunen", sagte Aristoteles) und bat Paul, mir zu erklären, wie es zum Verstummen dieses Standbilds gekommen ist.

Münch ließ sich nicht lange bitten. In diesem Dom habe ein berühmter Heiliger zur Zeit des zweiten Kreuzzugs gepredigt, um möglichst viele für den Kampf im Heiligen Land zu gewinnen: der Heilige Bernhard von Clairvaux. Jeden Mittwoch um Punkt 15 Uhr sei das Gotteshaus bis auf den letzten Platz besetzt gewesen, denn pünktlich um diese Zeit habe der Heilige zu predigen gepflegt. An einem dieser Tage kam er aber (wahrscheinlich war er ins Gebet vertieft) eine geschlagene Stunde zu spät. Als er das schwere Portal öffnete und das Mittelschiff entlangging, sah ihn die Madonnenstatue strafend an und rief ihm, natürlich auf Latein, zu: „Salve Bernarde unde tam tarde?" Warum kommst du so spät, heiliger Bernhard? Dieser erwiderte: „mulier taceat in ecclesia." (Die Frau hat in der Kirche den Mund zu halten).

Seitdem spricht die Lindenholzmadonna nicht mehr und bei einer Frau kann man das, ob lateinisch oder deutsch, als Wunder bezeichnen.

Sherlock Holmes, von Weizsäcker und die Löwen vor der Feldherrnhalle

Ein berühmter Mann hat einmal geäußert, man müsse sich die Sachen nur so lange ansehen, bis sie ihr Geheimnis von selbst preisgeben. Paul Münch hatte mich mit diesem der neuzeitlichen Philosophie entsprungenen Satz bekannt gemacht und wir waren dann ins Gespräch über einen Zweig der Philosophie gekommen, der erst im letzten Jahrhundert das Licht der gelehrten Welt erblickt hat: die Phänomenologie. Diese Bezeichnung kam mir natürlich sehr entgegen, weil sie, wie alles philosophisch Wesentliche, aus dem Griechischen stammt, denn „phainomai" heißt „erscheinen". Die Phänomenologie wendet sich also den Erscheinungen, den Dingen auf dieser Welt zu und hat den Leitsatz geprägt: „Zu den Sachen selbst."

Es ist ja ein nicht auszurottendes Unwesen, dass die Menschen - und ich schließe Paul und mich ein - manchmal über Dinge reden, von denen sie im Grunde nichts verstehen oder die sie nur oberflächlich zur Kenntnis genommen haben und dann meinen, diesen alle ihre Attribute ablesen zu können. Wenn die Regel auf der Welt aufgestellt würde, jeder solle nur über das reden, wovon er wirklich etwas versteht, wäre das große Schweigen ausgebrochen und viele wären Philosophen geblieben (si tacuisses, philosophus mansisses). Aber davon sind wir weit entfernt.

Nun ist es mit all diesen philosophischen Richtungen so, dass sie dem Laien kaum zu erklären sind und Paul hatte zum Verständnis einige herrliche Beispiele zur Hand. Er berichtete von einem Besuch von Herrn von Weizsäcker (nicht der ehemalige Bundespräsident, sondern dessen Bruder, der Philosoph), als der noch ein junger Student war, auf der berühmten Hütte bei dem Philosophen Heidegger in Todtnauberg im Schwarzwald. Der Schüler war vorwitzig genug, dem Meister folgendes anzutragen: „Ich habe ein gutes Beispiel, wie die Phänomenologie funktioniert." Der Altmeister war natürlich gerne bereit, dem eifrigen Studenten zuzuhören.

Von Weizsäcker fuhr fort: „Was stellen die beiden Löwen vor der Feldherrnhalle in München vor?" Er gab selbst die landläufigen Antworten, sie seien ein Sinnbild für Mut, Tapferkeit, majestätische Schönheit usw. Die richtige Antwort aber lautet: Der eine das linke Bein, der andere das rechte. Damit ist das Wesen dieser

philosophischen Richtung völlig einleuchtend erklärt. Es heißt, um es pfälzisch zu wenden: „Guck dir die Sachen und die Tatbestände an, bevor du darüber schwätzt."

Bei dem gleichen Gespräch bot von Weizsäcker ein einleuchtendes Beispiel für die Sprachphilosophie an und ich war begierig, dies auch von Paul zu hören. In einer Wirtschaft sitzt ein Mann, der jeden Abend beobachtet, wie sich sein Tischnachbar hemmungslos betrinkt und dabei (ich weiche ins Pfälzische aus) immer sagt: „Mei Fra, mei Fra, mei Fra..." Der Mann sah sich dies drei Tage lang an und wandte sich dann an den Bedauernswerten und fragte ihn, was denn seine Frau so Schlimmes mache. Er erntete die Antwort: „Die sitzt dehäm un redd, un redd, un redd." „Was redet sie denn?", fragte der mitfühlende Zeitgenosse. „Des sacht se jo net!" Damit ist auch die Sprachphilosophie auf den pfälzischen Punkt gebracht.

So vertrieben wir uns mit heiteren Betrachtungen auf einem ernsthaften

Hintergrund die Zeit. Ganz zum Schluss konnte ich, da ich durch die Einweisung von Paul jetzt so weit fortgeschritten war, diese philosophische Richtung noch einmal in eine Anekdote gießen und bot ihm, da ich aus Interesse natürlich auch in die Weltliteratur eingedrungen bin, folgendes Beispiel an: Die Herren Sherlock Holmes und Dr. Watson befinden sich auf einer Zelttour. Sie haben das Zelt aufgerichtet. Es ist tiefe Nacht, beide schlafen zunächst fest. Da wacht Holmes auf, weckt den noch im Tiefschlaf liegenden Watson und fragt ihn: „Schauen Sie einmal zum Himmelszelt, was sehen Sie?" Watson richtet die Augen nach oben und sagt: „Ich sehe Milliarden von Sternen, ich spüre den Hauch der Ewigkeit und Gottes Allmacht." „Und was sehen Sie, Holmes?" „Dass man uns das Zelt geklaut hat, Sie Idiot!"

Das ist Phänomenologie.

Frau Newtons Apfelmus

Früher habe ich mich gerne mit Themen beschäftigt, die mir historisch von meiner Lebenszeit her näher standen und von denen aus der Bogen ins Moderne mit der Hilfe meines Dichterfreundes Paul Münch leichter zu schlagen war. In der letzten Zeit ist mir aber aufgegangen, dass es moderne Entwicklungen gibt, die durchaus auch von mir kommentiert werden sollten, wobei natürlich ein Mindestmaß an vorbereitender Bildung notwendig ist. Ich fragte Paul, der neben seiner Dichtertätigkeit als Lehrer arbeitete und sich für vieles interessierte, welche vor allem im naturwissenschaftlichen Bereich wesentlichen Dinge entdeckt worden seien, die vielleicht einer Anmerkung bedürften. Im Hinblick auf den Abstand von 2500 Jahren wollte ich mich völlig unbefangen diesen Phänomenen nähern und vielleicht zu Alltagsbeispielen finden, die einem Gebildeten der heutigen Zeit gar nicht einfallen könnten.

Paul Münch gab sich große Mühe, mich mit den neusten Errungenschaften, soweit er sie überblicken konnte, bekannt zu machen und es soll nicht verwundern, dass er sich auch über Erkenntnisse verbreitete, die vielleicht nach seiner Lebenszeit erst gewonnen worden sind, weil von unserem Beobachtungspunkt in der Ewigkeit wir in der Zeit vorwärts und rückwärts verankert sind, so dass der Zeitpfeil überhaupt keine Rolle spielt. So hat er mich zum Beispiel in das Werk eines gewissen Herrn Heisenberg eingeweiht, der zu der Erkenntnis kam, dass es ganz kleine Partikel gibt, bei denen man den genauen Ort, an dem sie sich befinden, niemals feststellen kann, wenn man nach ihnen sucht, um ihre Geschwindigkeit zu messen.

Dies ist zunächst absolut unverständlich, aber im Grunde leicht zu erklären. Wer kleine Kinder hat, wird feststellen, dass es auch sehr wahrscheinlich ist, dass man dort, wo man sie vermutet und ruft, sie eben nicht sind, sondern sich inzwischen an völlig anderen Orten aufhalten, womit sich das zunächst Unerklärliche leicht am Beispiel erklären lässt. Der gleiche Wissenschaftler ist zu der Erkenntnis gelangt, dass es Atome gibt, die nur dann vorhanden sind, wenn man sie beobachtet. Auch das lässt sich mit einem unbefangenen und von moderner Ansicht unbelebten Geist recht schnell nachvollziehen. Denn mir ist von Arbeitgebern berichtet worden, dass es bei ihnen durchaus Beispiele gibt, die dies illustrieren. Auch ihre Angestellten würden nur dann arbeiten, wenn sie einer gewissen Beobachtung ausgesetzt seien. Als Philosoph kann ich diese Herabwürdigung menschlicher Tätigkeit nicht teilen, möchte jedoch auf diese eingängige Erklärung nicht verzichten. Auch hat mich

das Problem der negativen Zahlen eine Weile beschäftigt und hier ist es sehr schwierig, ein treffendes Alltagsbeispiel zu finden, ohne die Gesetze der Logik, die im täglichen Leben im Grunde nur stören, nicht zu verletzen. Wie ist es angängig, dass minus mal minus plus werden soll, dass also die Multiplikation von minus 3 und minus 4 statt minus 12 plus 12 ergibt? Hier versagen die gängigen Beispiele aus dem täglichen Leben völlig. Denn wenn ich mir vorstelle, dass man sein Sollkonto bei der Deutschen Bank mit 5000 Euro mit dem Sollkonto bei der Dresdner Bank mit ebenfalls 5000 Euro multipliziert, man dann nicht 25 Millionen Euro Guthaben hat, sondern 25 Millionen Euro Miese. Allerdings gibt die Rettungsaktion der Bundesregierung den Banken gegenüber Anlass, an diesem Beispiel zu zweifeln. Hier scheint man wirklich auf den Weg gekommen zu sein, durch die Multiplikation von Negativem Positives zu erzeugen. Ob dies auf Dauer gut gehen wird, ist eine andere Frage.

Letztlich gibt es aber, Logik hin, Logik her, ein Beispiel, das einem klarmacht, dass das mit den negativen Zahlen auch zu erklären ist. Man stelle sich vor, in einem Bus befinden sich zehn Leute. Der Bus stoppt an einer Haltestelle und es steigen zwölf Leute aus, dann müssen zwei in den Bus wieder einsteigen, damit niemand im Bus ist. Dies ist ein Beispiel, das die Problematik meines Erachtens völlig auf den Punkt bringt und der Verlust des bisschen Logik, der zu dieser Erklärung notwendig ist, soll uns nicht verdrießen.

Wir haben uns auch mit einer weiteren Frage auseinandergesetzt, die dadurch veranlasst worden ist, dass in Pressemitteilungen der neuesten Zeit immer wieder die Behauptung aufgestellt wird, Frauen hätten zur Naturwissenschaft keine natürliche Begabung und dies sei eine rein männliche Domäne. Nun gibt es ein Beispiel, das dem völlig zu entsprechen scheint. Der große Newton war ein absoluter Frauenverächter und außer seiner Cousine hat er kein weibliches Wesen an sich herangelassen. Ich wage die Behauptung, dass ein verheirateter Newton niemals die Fallgesetze entdeckt hätte.

Es gibt die berühmte Szene, dass er nachmittags besinnlich im Garten sitzt und plötzlich bemerkt, dass ein überreifer Apfel vom Baum fällt und er hat sofort für sich den Schluss gezogen, dass dieser Apfel nur vom Baum gefallen ist, weil es die Fallgesetze so wollten. Ein verheirateter Newton wäre niemals in diese Situation gekommen, weil Frau Newton den Apfel nicht so lange am Baum hätte hängen lassen, bis er ins Überreife übergegangen und von selbst abgefallen wäre. Die Frucht wäre ordnungsgemäß zum richtigen Zeitpunkt geerntet worden und hätte längst als Apfelmus im Regal gestanden, so dass sich Newton vor einem leeren Apfelbaum an diesem Nachmittag gar nichts offenbart hätte. Dies ist ein weiterer Beleg für die These, dass Frauen einfach zur Naturwissenschaft keine innere Beziehung haben, weil sie der Natur gar nicht die Gelegenheit geben, in dem Sinne auffällig zu werden, dass dies zu einer Entdeckung von Naturgesetzen führen könnte.

Letztlich ist die Sache mit Frauen und Äpfeln doch etwas ganz Elementares. Ist es nicht so, dass wir den ganzen Schlamassel, den wir hier haben, eigentlich nur einer Frau verdanken, die zur Unzeit einen Apfel geerntet hat?

Der nackte Hintern auf der Ofenplatte

Es ist entschieden ein großer Vorteil, gewisse Entwicklungen und Zustände aus dem gelassenen Abstand und mit der Erfahrung von zweieinhalb Jahrtausenden im Rücken zu beobachten und sich seinen Reim darauf zu machen. Was mir auffällt, nachdem ich jetzt doch einige Zeit in der Pfalz verbracht habe, ist die wohl nicht auf diese Region beschränkte Neigung, alles - und ich meine wirklich alles - in irgendeiner Form öffentlich zu machen. Dies beginnt im politischen Bereich, wo die Auffassung besteht, man müsse ein ganzes Volk ständig überwachen, um die herauszufiltern, die Böses im Schilde führen, ohne sich zu überlegen, was dies - wie zum Beispiel unbeachtetes Nasenbohren - auslösen kann. Hat man aus übergeordneten Gründen noch halbwegs Verständnis für diese staatlichen hysterischen Anfälle, so wird einem das öffentliche Treiben völlig unverständlich, wenn sich Privatleute ständig in irgendeiner Form präsentieren.

Der Sinn für das Private, für das Zurückgezogene, für den Bereich, den niemand etwas angeht, scheint völlig verloren gegangen zu sein. Es gilt geradezu als verdächtig, sich in irgendeiner Form zurückzuziehen und dem Nachbarn zu verbieten, in gewisse Bereiche des eigenen Lebens die Nase zu stecken. Hier werden dann sofort Verdächtigungen wachgerufen und es ist überhaupt kein Sinn mehr vorhanden dafür, dass Privatheit ein großes Gut ist.

Bei uns in Griechenland hieß der Privatmann in unserer Sprache Idiotäs, von Idios (eigen) kommend, während das Wort „Idiot" zur Zeit eine völlig andere abwertende Bedeutung bekommen hat - nämlich, dass derjenige, der sich auf sein Eigenes besinnt, als Eigenbrötler, Autist oder gar als schwachsinnig oder verrückt abgetan wird. Insoweit verrät uns der Sprachgebrauch mehr als jede weitere Erklärung.

Als ich in Griechenland meine große Zeit erlebte, habe ich als Wohnsitz - und dies ist mir in der Philosophiegeschichte immer nachgegangen - eine Tonne ausgewählt, in die ich mich privat zurückziehen konnte. Und wie die Engländer (es ist bezeichnend, daß wir im Deutschen keine eigene Wendung dafür haben) den wunderschönen Satz geprägt haben „my home is my castle", habe ich damals, natürlich auf Griechisch, gesagt: „Meine Tonne ist meine Wonne."

Ich habe den privaten Bereich damals so sehr geschätzt, dass ich auch hochmögende Besucher in ihre Schranken verwiesen habe, wie die berühmte Anekdote zeigt, die mich nach wie vor verfolgt. Ich hielt Alexander dem Großen, der vor meiner Tonne herumlungerte und mir das Licht nahm, den klassischen Satz entgegen: „Geh' mir aus der Sonne." Dies war nichts anderes, als den damalig mächtigsten Mann der Welt aus meiner Privatsphäre zu weisen und Alexander hat dem auch Folge geleistet.

Heute wäre so etwas völlig undenkbar, weil alle Menschen davon beseelt zu sein scheinen, ihre Absonderlichkeiten, angeblichen Fähigkeiten oder gar moralischen Gebrechen in der Öffentlichkeit auszustellen und sich dabei eines Mediums zu bedienen, das Fernsehen heißt. Zu meiner Zeit gab es das TV natürlich nicht und das einzige, was wir in ähnlicher Form hatten, war das Orakel von Delphi, wo man sozusagen prognostisch sich seine Zukunft weissagen lassen konnte und wir nannten die dort beschäftigten Damen Seherinnen.

Ein flächendeckendes System des Fernsehens, wie dies heute gang und gäbe ist, war natürlich schon aus Gründen der technischen Unvollkommenheit unserer Zeit nicht möglich und ich bin manchmal dankbar dafür, dass dies so gewesen ist. Wenn dieses Medium heute landesweit benutzt wird, dann kann man die verschiedensten Zeitgenossen beobachten, die dort in der bereits dargestellten Form ihr Privates öffentlich machen, ohne sich dabei das Geringste zu denken, ja geradezu eine gewisse fröhliche Gedankenlosigkeit unverfroren zur Schau stellen.

Ich habe meinen Freund Paul Münch gefragt, ob dies auch zu den Zeiten, als er im besten Mannesalter war, der Fall gewesen sei und habe eine klare Antwort bekommen: Die Menschen seien zwar heute nicht dümmer als früher, aber zu seiner Zeit habe man sich wegen seiner Dummheit geschämt, während man heute seine Dummheit flächendeckend fernsehtauglich zur Schau stelle, ohne sich in irgendeiner Weise Gedanken zu machen.

Wir haben dann längere Zeit Sendungen beobachtet und sind zu dem Fazit gekommen, dass - zu welcher Zeit man auch immer sich dieses Mediums bedient - entweder gekocht wird oder nackte Damen über die Szene huschen, so dass wir schon auf den Gedanken gekommen sind, den Anstalten nahezulegen, Nacktkochen einzuführen. Dann könnte man aus zwei Formaten sehr billig ein einziges machen. Der Gedanke, eine der Schönheiten mit nacktem Hintern auf einer heißen Ofenplatte erleben zu dürfen, hat schon gewisse Reize.

Ich schildere diese kulturpessimistischen Dinge nur deshalb, um noch einmal darauf hinzuweisen, dass eines der wesentlichsten Dinge des Lebens, die es köstlich machen, völlig verloren gehen könnte: nämlich die Privatheit. Nun gibt es Heroen der Privatheit, sozusagen Leuchttürme des Privaten und ich will - auch um klarzustellen, dass gerade der Pfälzer sich diese Oase bewahrt hat - eine Geschichte zum Besten geben, die wohl all das, was ich anzudeuten versucht habe, auf den Punkt bringt.

Ich habe in einer Pfälzer Weinstube beiläufig ein Gespräch mitgehört. Es ging darum, dass in einem kleinen Weingut der näheren Umgebung, das durch seine guten Weine landesweit und darüber hinaus aufgefallen war, sich eine Journalistenschar einstellte, die für ein Weinfachblatt über dieses Weingut eine Reportage machen sollte. Der Winzer führte die aus Hamburg gekommenen Herren durch alle Räumlichkeiten seines weitläufigen Betriebs und erklärte vor jedem Fass, welch köstlicher Inhalt sich darin befindet.

Die Fachleute waren sehr neugierig und schlupften bis in den letzten Winkel. Als sie im Grunde alles gesehen hatten, stießen sie in der hintersten Ecke des Kellers auf fünf kleine alte Holzfässer, die ohne jede Beschriftung waren. In ihrer Neugierde, auch wirklich den letzten Tropfen Wein hier genau bezeichnet zu bekommen, fragten sie den Hausherrn, um was für einen Tropfen es sich denn hier handele. Dem wackeren Winzer war diese Frage zu privat, weil er hier die Grenze zog zwischen dem, was für die Öffentlichkeit mitteilenswert ist und dem, was man für sich behalten sollte. Er schwang sich dann zu der Antwort auf: „Den brunz ich mir selber."

Privater geht's nicht.

Das pfälzische Seins-Verständnis:
Gesellig allein sein

 Nachdem ich mich jetzt schon, begleitet von Paul Münch, längere Zeit in der Pfalz umgetan und inzwischen auch hervorragend akklimatisiert habe, hat mein Freund darum gebeten, mich endlich wieder meinem eigentlichen Geschäft, dem Philosophieren, zu widmen und zwar, wenn möglich, aus der sich bietenden pfälzischen Wirklichkeit die entsprechenden philosophischen Folgerungen zu ziehen.

Nun gehöre ich, wie jeder Gebildete weiß, zu den Vor-Sokratikern und zwischenzeitlich ist in der Philosophie so viel passiert, dass ich in der Kürze der Jahrtausende kaum habe alles nachlesen können. Und so konnte ich mich unbelastet von philosophischen Traditionen der pfälzischen Wesensart und ihren philosophischen Ausformungen zuwenden. Dies bringt natürlich eine erfreuliche Unvoreingenommenheit mit sich, die diesem Vorhaben nur dienlich sein kann. Ich darf darauf hinweisen, dass ich mich in dieser Folge nicht dem widmen möchte, was man gemeinhin Lebensphilosophie zu nennen pflegt, also die Fähigkeit zu erwerben, den Alltag mit Gelassenheit ertragen zu können, sondern mich ontologischen Fragen, also dem Sein des Seienden, zuwenden will.

Nun hat der Pfälzer allerdings eine Vorliebe für die Lebensphilosophie, weil er sich den Aufenthalt auf Erden so bequem wie möglich machen möchte. Deshalb springt in diesem Landstrich eine Fülle von Anleitungen zum sinnvollen und störungsfreien Leben geradezu ins Auge. Ich will ein Grundprinzip des Pfälzischen an einer Anekdote festmachen und weise darauf hin, dass, wie in den platonischen Dialogen die Gesprächsteilnehmer mit entsprechenden Namen zu belegen sind, die philosophischen Diskutanten hier Schorsch und Heiner heißen und nicht wie beim Original Kriton und Phaidros. Wenn also im Folgenden von Schorsch und Heiner die Rede ist, so sind es Kunstfiguren, die für die Dialoge notwendig sind.

Eine bezeichnende Begegnung zwischen beiden habe ich vor kurzem auf einem Bahnhof erleben dürfen, als der geruhsam an einen Pfeiler gelehnte Heiner dem hurtig an ihm vorbeieilenden Schorsch nachrief: „Schorsch, mach langsam, du kummscht noch früh genug zu spät." Diesem Satz intensiv nachzusinnen, lohnt sich, denn er bringt auf prägnante Weise die Nutzlosigkeit menschlichen Strebens zum

Mach langsam – Du kummscht noch früh genug zu spät!!!!

Ausdruck, ohne - und dies ist das typisch Pfälzische - in Resignation zu versinken. Lebensphilosophie ist für den echten Philosophen eigentlich etwas Zweitrangiges, weil sie sich den Grundfragen des Seins nicht zuwendet, sondern an der Oberfläche verbleibt und eigentlich nur dazu dient, halbwegs ungeschoren durchs Leben zu kommen. Sie verdeckt also gerade das, was Philosophieren bedeutet, nämlich sich ungeschützt entscheidenden Fragen auszusetzen. Von meinem vorsokratischen Kollegen sind schon einige Sätze gesagt worden, die später im Laufe der Philosophiegeschichte von anderen Philosophen aufgenommen, wenn nicht gar ausgebeutet wurden.

Der mir besonders nahestehende Parmenides hat bereits vor 2500 Jahren bemerkt: „Festzuhalten bleibt, dass Denken und Sein dasselbe sind." Diesen Satz variierte ein gewisser Descartes rund 2000 Jahre später wie folgt: „Ich denke, also bin ich." Jeder unbefangene Betrachter wird feststellen können, dass Descartes bei Parmenides geklaut hat, was aber nicht weiter schlimm ist, weil die wesentlichen philosophischen Ansichten einfach sind und immer auf dasselbe hinauslaufen. So ist Sokrates, dem Urbild des Philosophen, einmal vorgehalten worden: „Da stehst Du, o Sokrates, immer noch an demselben Platz und sagst dasselbe über das dasselbe." Genau das ist aber Philosophieren.

Wenden wir uns jetzt also vermittels unserer philosophischen Kunstfiguren Heiner und Schorsch der Seins-Frage in ihrer spezifisch pfälzischen Ausformung zu und wählen wir dazu als Ort des Geschehens die Landauer Hütte im Pfälzerwald. Heiner betritt, von Gleisweiler kommend, nach ewa einstündigem Fußmarsch den Gastraum der Hütte und trifft auf Schorsch, der sich dort bereits hinter seinem Schoppen verschanzt hat. Heiner tritt mit der entscheidenden Frage an ihn heran, die das pfälzische Seins-Verständnis auf den Punkt bringt. Er sagt nämlich: „Schorsch, bischt ach e bissel do?"

Klammern wir das rätselhafte „bissel" zunächst einmal aus und wenden uns nur dem Kernsatz „Schorsch bischt ach do" zu. Dies ist konsequent durchdacht die pfälzische Entsprechung zu „Ich denke, also bin ich". Die bequeme pfälzische Logik mutet es dem Einzelnen nämlich nicht zu, sich durch eigenes Denken seines Seins zu vergewissern, sondern der Pfälzer benutzt sein Gegenüber, um sich von diesem, da der auch „do" ist, sein eigenes Sein bestätigen zu lassen. Rätselhaft bleibt mir allerdings, obwohl ich lange darüber nachgedacht und auch mit Paul darüber diskutiert habe, das „bissel" in diesem Satz.

„Bissel" kann hier keine zeitliche Komponente im Sinne von „ein wenig" oder „nur kurze Zeit" haben. Dazu ist der Satz zu tief gedacht. „Bissel" meint hier wohl, obwohl ich dies abschließend noch nicht konstatieren möchte, dass Heiner dem Schorsch ein Dasein zubilligt, dies aber nicht gleichrangig mit dem eigenen, und durch dieses „bissel" soll dies unmissverständlich zum Ausdruck kommen.

Wollen wir das Thema nicht weiter vertiefen, weil an der Universität in Heidelberg ein Doktorand über das Thema „Das ‚bissel' im Seins-Satz des Pfälzischen" eine Dissertation vorlegen wird. Wir können also davon ausgehen, dass wir in absehbarer Zeit eine tiefschürfende Analyse dieses Restproblems auf dem Tisch haben werden. Es soll aber schon jetzt entschieden darauf hingewiesen werden, dass der Seins-Satz in seiner pfälzischen Ausformung nicht darauf hindeutet, dass sich der Pfälzer als allein auf der Welt befindlich ansieht und den Gegenüber nur als Einbildung seines Gehirns wahrnimmt. Denn dazu ist er einfach zu gesellig und im Übrigen braucht er jemanden, der ihm seinen Schoppen an den Tisch bringt.

Solipsistische (ich bin allein auf der Welt) Tendenzen sind dem Pfälzer völlig wesensfremd. Genauso fern liegt ihm aber die (und dies ist scharf abzugrenzen von echter Lebensphilosophie) ausufernde Sinn-Suche seiner Mitmenschen in anderen deutschen Regionen, die sich auf vielfältige Weise auf Pilgerpfaden auf der Suche nach dem eigenen Ich verirren und von denen immer zu hören ist, dass sie dem Sinn des Lebens auf der Spur seien oder aber, was ich nur als Drohung auffassen kann, „in sich gehen wollen".

Das „In-sich-gehen" ist für den Pfälzer völlig fernliegend, weil er genau der Typ ist, der eigentlich immer aus sich herausgehen will. Zudem hält ihn von dieser albernen Sinn-Sucherei der Kernsatz eines berühmten bayerischen Philosophen ab, der auch in der pfälzischen Philosophie-Tradition steht, dem unvergleichlichen Karl Valentin. Er hat dieses Thema ein- für allemal auch für die Pfälzer gültig abgehandelt, wie sich aus einer Tagebucheintragung aus den 30er Jahren des letzten Jahrhunderts ergibt: „In mich gegangen. Auch nichts gefunden."

Dem ist nichts hinzuzufügen.

Knut in der Krippe

 Wenn man wie ich im philosophischen Geschäft gefangen ist und sich ständig mit den tiefsinnigsten Fragen herumschlägt, hat man das unabwendbare Bedürfnis, sich abzulenken und in einer völlig anderen Sphäre Erholung zu suchen. Mein pfälzischer Mentor Paul Münch, der meinen philosophischen Bestrebungen manchmal mit etwas sorgenvoller Miene folgt, weil er um meine Gesundheit fürchtet, hat mir deshalb den Vorschlag gemacht, wir sollten uns einmal gemeinsam dem produktiven Müßiggang hingeben.

In Verfolgung dieser Absicht hat er mich auf eine Veranstaltung geschleppt, die als Weihnachtsmarkt bezeichnet wird und mir als Heide ziemlich fremd vorgekommen ist. Obwohl ich mich, dies bleibt bei ernsthafter philosophischer Beschäftigung nicht aus, natürlich mit den zwei Jahrtausenden Christentum intensiv beschäftigt habe. Gerade dies hat mir die von Paul gut gemeinte Ablenkung völlig verleidet.

Einmal davon abgesehen, dass sämtliche festliche Anlässe in dieser Gegend in eine gewisse kulinarische Beliebigkeit absinken - eine elegantere Formulierung für Fressen und Saufen fällt mir nicht ein - , war mir das, was ich dort zu sehen bekam, mit den Ansichten, die ich mir über das Christentum angeeignet hatte, nicht kompatibel.

Es soll sich hier um die Erinnerung an die Geburt eines bedeutenden Mannes namens Jesus handeln, der in einem Stall armselig zur Welt gekommen sein soll und der Weihnachtsmarkt ist voll von Darstellungen, wie dieses Kindlein in der Krippe liegt und mehr Anmut als Armut ausstrahlt. Nun habe ich durchaus nichts gegen kleine Kinder, aber im Falle dieses Jesus scheint mir der Schwerpunkt seines Lebens durch diese überbordende Darstellung seiner Kindheit verschoben und verfälscht. Die übliche Präsentation und vordringliche Betonung der Kindlichkeit dieses Mannes geht am Wesen seiner Person vorbei, wie ich als unbefangener Heide hier einmal mit allem Nachdruck feststellen muss. Es darf nicht hingenommen werden, dass der historische Jesus auf diese kindliche Phase beschränkt wird und als metaphysischer Knut in belangloser Niedlichkeit erstickt, da es sich bei ihm um einen sehr mannhaften Charakter gehandelt hat.

So ist überliefert, dass er, über das schamlose Treiben der Händler und Geldwechsler verärgert, einen Auftritt im Tempel in Jerusalem hingelegt hat, der uns allen heute noch Respekt abnötigen sollte. Wie ein Wirbelsturm fegte er durch das Gotteshaus und vertrieb die geschäftstüchtige Meute, da er deren Treiben nicht mehr zusehen konnte. Einen solchen Tornado würde man sich heute im Bankwesen wünschen und es wäre deshalb angebracht, den Weltspartag christlich aufzuwerten und als Reinigung der Welt von üblen Geschäftemachern als zentralen weiteren christlichen Feiertag unter Würdigung dieser Begebenheit zu begehen. Dies würde der Person Jesu mehr entsprechen als die in den Windeln steckengebliebene süßliche Verehrung, die im Grunde nur Anlass zu volksfestartigen Veranstaltungen zu geben scheint.

Im Zusammenhang mit seinen wegweisenden Sentenzen ist auch zu bemerken, dass kurz vor der so merkwürdig anmutenden geschäftigen Vorweihnachtszeit die Menschen hierzulande eine Art Totenkult betreiben, indem sie die Gräber der Verstorbenen aufsuchen, diese schmücken und der Toten gedenken. Was ja an sich keine schlechte Angewohnheit ist, aber in einem Maße übertrieben wird, das der Sache nun wirklich nicht angemessen ist.

Zu diesem Problem hat Jesus lapidar geäußert: „Lasst die Toten ihre Toten begraben." Damit meint er wohl, dass es wichtiger sein könnte, sich um Lebende zu kümmern, als den Toten im Übermaß nachzutrauern. Paul hat mir seine scharfsinnige Beobachtung von vielen Beerdigungen mitgeteilt, dass gerade diejenigen am meisten um den Toten zu trauern scheinen, die diesem als Lebendigen vieles schuldig geblieben sind. Übermäßige Trauer ist also nichts anderes als ein Defizit von Zuwendung zu Lebzeiten.

Obwohl ich als Heide Jesus nicht vereinnahmen kann, ist es mir gerade im süßen Taumel dieser Tage ein Anliegen, auf den Kern seines Wesens hinzuweisen.

Verspätetes Lösegeld

Landauf, landab, Europa übergreifend, wird Klage darüber geführt, dass mein Volksstamm sich wirtschaftlich so vergaloppiert hat, vor allem deshalb, weil wir Griechen, so jedenfalls die Betrachtungsweise von Rest-Europa, uns dem Müßiggang ergeben haben, schon frühzeitig mit üppigen Pensionen in den Ruhestand gehen und schließlich aufgrund dieser Lebenshaltung den Sinn für ordentliche und harte Arbeit völlig verloren zu haben scheinen. Da tröstet es wenig, wenn auch andere Südländer wie die Portugiesen, Spanier oder Italiener im Geruch stehen, uns alsbald nachzufolgen und ebenfalls in beträchtlichem Maße die Geduld anderer Länder beanspruchen dürften.

Nun will ich das aber nicht auf mir sitzen lassen und habe mir deshalb überlegt, ob man nicht die Sache aus unserer Sicht so darstellen könnte, dass Europa nunmehr die längst fälligen und bislang nicht bezahlten Tantiemen für unseren Beitrag zur Kultur dieses Erdteils zu leisten hätte, als da sind: Homer mit seiner Ilias und der Odysee, Herodot mit seiner Göttergeschichte, nicht zu vergessen die Herren Platon und Aristoteles und schließlich der göttliche Sokrates, auf dem ja die Fundamente des Abendlandes im Grunde beruhen.

Hat nicht euer heiliger Thomas Aristoteles ausgeplündert, um dem christlichen Glauben ein logisches Gerüst einzuziehen? Lebt nicht eine ganze Philosophiegeschichte von Platon, der sich zum Rest der Philosophie wie der Maggiwürfel zur Brühe verhält und einen berühmten Philosophen aus England zu dem Ausspruch gebracht hat, die gesamte Philosophiegeschichte sei nichts weiter als eine Fußnote zu Platons Höhlengleichnis.

Wenn man allein die nicht gezahlten Tantiemen für die Ilias und die Odyssee für die Jahrtausende zusammenzählt, kommen wir leicht in einen Bereich, der so üppig ist, dass die jetzt bezahlten Milliarden Euro geradezu lächerlich anmuten. Betrachtet es doch als den Preis für das Fundament eurer Kultur, der jetzt spät, aber nicht zu spät zu begleichen ist.

Ich habe das Problem mit meinem Freund Paul Münch durchgesprochen und wir sind dabei darauf gestoßen, dass er in der pfälzischen Ilias, nämlich der „Pfälzischen Weltgeschicht", auch ein Gedicht über Cäsar gemacht hat. Es handelt davon, wie die pfälzischen Truppen den Rheinübergang Cäsars vereitelt haben und wo die Zeile vorkommt, die euch vielleicht noch in große Schwierigkeiten bringen wird. Ich zitiere: „Wart, Cäsar, alter Reemerlumbes, jetzt kriegschde ferchterlich dei Bumbes."

Dieser Reim könnte, wenn die Italiener erst einmal so weit sind wie wir Griechen heute, dazu führen, dass - um eurem pfälzischen Altkanzler die Ehre zu geben - für diese ehrabschneidende Bemerkung entsprechender Bimbes fällig werden wird.

Kants Ende im Strafraum von Glasgow

Ich habe sehr viel nachzuholen in eurer modernen Welt und komme aus dem Staunen nicht mehr heraus, wie viel sich doch äußerlich geändert hat, ohne eine innerlichere Veränderung bei euch hervorzurufen. Wie es einem Philosophen ansteht, habe ich mich erst mit der Theorie beschäftigt, bevor ich mich dem tatsächlichen Leben zuwandte und bin dabei auf Diskrepanzen gestoßen, die mich sehr gewundert und traurig gestimmt haben.

Überall prallen unversöhnlich die Meinungen unterschiedlicher Lebensanschauungen aufeinander und die Bereitschaft, einem anderen zuzugestehen, dass er auch im Recht sein könnte - oder wenn dem nicht so ist, ihn ohne Anfeindung in seinem Glauben zu lassen - , ist nicht nur unterentwickelt, sondern leider überhaupt nicht vorhanden. Vor allem wo sogenannte Fundamentalisten am Werk sind, die ihren eigenen Standpunkt verabsolutieren und sich und andere dafür in die Luft sprengen, ist eure Welt weit entfernt von dem, was weise Lehrer euch seit Jahrhunderten mit auf den Weg gegeben haben.

Nun ist leider auch zu beobachten, dass nicht selten die, die diese Lehren verbreiten, sich selbst nicht an diese halten, was wohl daran liegt, dass es selten Wegweiser gibt, die den Weg gehen, den sie anzeigen. Aber es ist doch traurig, wenn einige ganz einfache Grundsätze friedlichen Zusammenlebens nicht beherzigt werden. Da hattet ihr einen Philosophen namens Kant, der, ohne Königsberg zu verlassen, das Zeug dazu hatte, die ganze Welt zu verändern, wenn man auch nur mit halbem Ohr auf ihn gehört hätte. Denn er sagt etwas ganz Einfaches: „Benimm dich selbst so, wie du es von anderen erwartest."

Aber seit 200 Jahren scheint diese schlichte Regel nicht beherzigt zu werden. Wie lange es noch dauern wird, bis sie endlich Wirkung entfaltet, ist völlig offen. Statt dessen handelt diese Welt nach der Devise: „Und willst du nicht mein Bruder sein, so schlag ich dir den Schädel ein." Und dies meist noch im Namen irgendeines lieben Gottes. Ob sich daran je etwas ändern wird? Ich habe die Hoffnung noch nicht ganz aufgegeben, weil auch der Weg vom Sarotti-Mohr zu Obama sehr lang und schließlich erfolgreich gewesen ist.

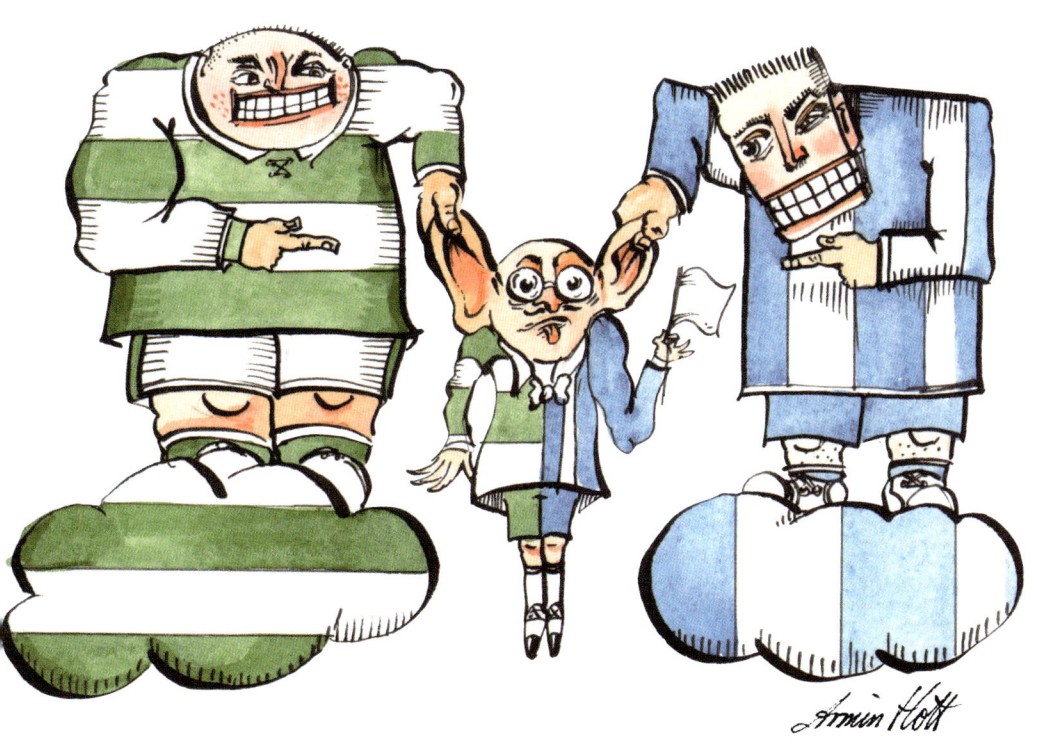

Dabei fehlt es nicht an positiven Beispielen. Bei den Franzosen gab es einen Voltaire, in den Friedrich der Große geradezu vernarrt war und von dem der einprägsame Satz stammt: „Ich stimme mit keinem Wort überein, was du soeben gesagt hast. Ich würde mich aber dafür totschlagen lassen, dass du es sagen darfst." Das einzige Märtyrertum, das wirklich Stil hat, ist das für die freie Meinungsäußerung und schließlich hattet ihr in Berlin eine beherzte Dame, die allerdings konsequenterweise im Landwehrkanal geendet ist, die dies klipp und klar so zum Ausdruck gebracht hat, dass Meinungsfreiheit immer die Freiheit der Meinung des Andersdenkenden ist.

Ich habe nun den Überblick über zweieinhalb Jahrtausende, muss aber leider feststellen, dass es in diesem Bereich überhaupt keine Fortschritte gegeben hat, ja, ich habe den Eindruck, dass es im Grunde immer schlimmer geworden ist. Während ihr technisch schon auf dem Mond seid, seid ihr menschlich noch weit hinter demselben.

Selbst in meiner mir so lieb gewordenen Wahlheimat Pfalz gibt es Auswüchse, die mich höchst traurig stimmen. So ist mir berichtet worden, dass vor nicht allzu langer Zeit, um nur ein Beispiel zu nennen, die Einwohner von Maikammer und Kirrweiler jeweils gegenseitig über sich mit Häme hergefallen sind, ohne zu bedenken, dass sie doch als Nachbarn aufeinander angewiesen sind. Wenn das schon am grünen, nämlich am pfälzischen Holze geschieht...

Ihr hattet einen ganz Großen in Weimar, der einmal beiläufig geäußert hat: „Kindlein, liebet einander und wo das nicht geht, lasst wenigstens einander gelten." Warum macht ihr es denn nicht? Ich wünsche euch ein Leben friedlicher Relativität ohne den ausschließlichen Absolutheitsanspruch der Hinterwäldler jeder Couleur, denen diese Welt nie ausreichen wird, weil sie sich im Grunde nicht dort aufhalten, wo sie eigentlich sind. Nehmt doch endlich zur Kenntnis, dass es ein Leben vor dem Tod gibt, welches man sich durch gegenseitige Toleranz erleichtern kann. Ist das denn so schwer?

Selbst ein so schönes Spiel wie der Fußball, den ich vor allem wegen eures einzigartigen 1. FC Kaiserslautern schätzen gelernt habe, ist nicht frei von derartigen verderblichen Fundamentalismen. In Glasgow, droben im unwirtlichen schottischen Norden, gibt es zwei Fußballvereine von Weltrang: Celtic und Rangers. Die Rangers haben ein blaues Trikot und sind mit ihren Anhängern stockprotestantisch.

Die Celtic-Fans in ihren grün-weißen Farben hängen inbrünstig der römisch-katholischen Religion an.

Die Spiele beider Vereine sind ein auf den Fußballplatz verlegter Religionskrieg. Bei einem dieser Spiele, in dem sich die Fans unversöhnlich in ihren Weltanschauungen gegenüberstehen und jeweils nur die Leistungen der eigenen Mannschaft frenetisch bejubeln, wird ein Fußballliebhaber aus London, der keiner der beiden Seiten zuneigt, für seine fanatische Umwelt deshalb zum Skandal, weil er jeweils bei guten Spielzügen von Celtic oder den Rangers diese unterschiedslos bewundernd beklatscht. Bevor er wegen dieser für seine Umwelt völlig unverständlichen Haltung von Fans beider Seiten (Dummheit verbindet) tätlich angegriffen wird, rettet ihn nur der zutreffende Hinweis eines ausnahmsweise nachdenklichen Zuschauers: „Der ist Atheist."

Was wir in dieser Welt brauchen, sind mehr Atheisten von dieser Sorte.

1000 Jahre Darstein

Da die Ewigkeit, wie ein kluger Mann festgestellt hat, sehr lange dauert, vor allem zum Schluss, habe ich mich im „Pfälzer Himmelseck", wo ich mit Paul Münch schon geraume Zeit hocke, um die Langeweile zu vertreiben, mit eurer Geschichte befasst, unter besonderer Beachtung der Bereiche, die sich mit dem irdischen Paradies befassen. Also der Pfalz.

Paul hat mir aus seiner „Pälzischen Weltgeschicht" die Episode von Kaiser Barbarossa vorgelesen, der bei ihm nicht im Kyffhäuser seinen Platz gefunden hat, wo ihm der Bart durch die Tischplatte wächst, sondern gemütlich im Trifelskeller sitzt und sich von einem Zwerg Wein heranschaffen lässt. Und wenn man schon beim Trifels ist, denkt man an Richard Löwenherz, der dort eingekerkert war und von einem Sänger namens Blondel befreit worden sein soll. Alles sehr schöne Geschichten. Aber es gibt leider auch andere.

Nur zögernd habe ich mich an eine Periode eurer Geschichte getraut - einige trauen sich heute noch nicht daran -, die mich deshalb zunächst erschreckte, weil von einem „1000jährigen Reich" die Rede war. Selbst unter den Aspekten der Ewigkeit schien mir dies eine zu lange Zeit zu sein, um mich in sie zu vertiefen. Erst als mir Paul tröstend versicherte, dass sich diese 1000 Jahre auf zwölf verkürzt hätten, habe ich mich dann doch um diese nun überschaubare Zeitspanne bemüht.

In diesem zwölfjährigen 1000jährigen Reich spielt das Datum 30. Januar 1933 eine entscheidende Rolle. Jubelnde Anhänger des damals Führer genannten späteren Staatsoberhaupts - eine Art grausamer Charlie Chaplin - marschierten mit Fackeln durch das Brandenburger Tor, um den Sieg ihres Abgotts zu feiern. Den berühmten Impressionisten und Kollegen eures Max Slevogt, Max Liebermann, dessen Palais am Brandenburger Tor lag, veranlasste dies zu dem epochalen, wenn auch unappetitlichen Ausspruch an seinen hinter ihm stehenden Diener: „So viel fressen, wie ich jetzt kotzen möchte, kann ich überhaupt nicht."

Von Paul, der diese Zeit miterlebt hat, habe ich mir seltsame Dinge berichten lassen. So gibt es in Berlin, und zwar im Stadtteil Köpenick, eine Straße, die „Darsteiner Weg" heißt. Der damalige Führer dieses zwölfjährigen 1000jährigen Reiches hatte 1936 angeordnet, diese Straße so zu nennen, weil die Bewohner einer pfälzischen

Ortschaft dieses Namens bereits in den - noch völlig freien - Wahlen 1930 samt und sonders die Partei des sogenannten Führers gewählt hatten. Der kleine Flecken kam nicht nur zur Ehre einer Straßenbenennung in der Hauptstadt, sondern wurde als einzige Ortschaft überhaupt als Ehrenmitglied in die unsägliche Partei dieses Mannes aufgenommen.

Aus völliger Geschichtsvergessenheit hat dieser Weg nicht nur die DDR, sondern auch nach der Wiedervereinigung bis jetzt das demokratische Deutschland überlebt. Das ist umso unverständlicher, als mir Paul eine für die Pfalz sehr tröstliche Mitteilung machen konnte. Ein Nachbardorf Darsteins, ein Ort namens Hauenstein, hat am 5. März 1933 - in einer dann nicht mehr freien Wahl - zu 93 Prozent der Partei dieses Führers die kalte Schulter gezeigt. Unter ganz erheblichen Gefahren und persönlichen Opfern blieben die Hauensteiner dem katholischen Zentrum treu.

Ist es nicht ein Unding, dass es in der deutschen Hauptstadt Berlin immer noch einen „Darsteiner Weg" gibt? Er sollte schleunigst in „Hauensteiner Allee" umbenannt werden.

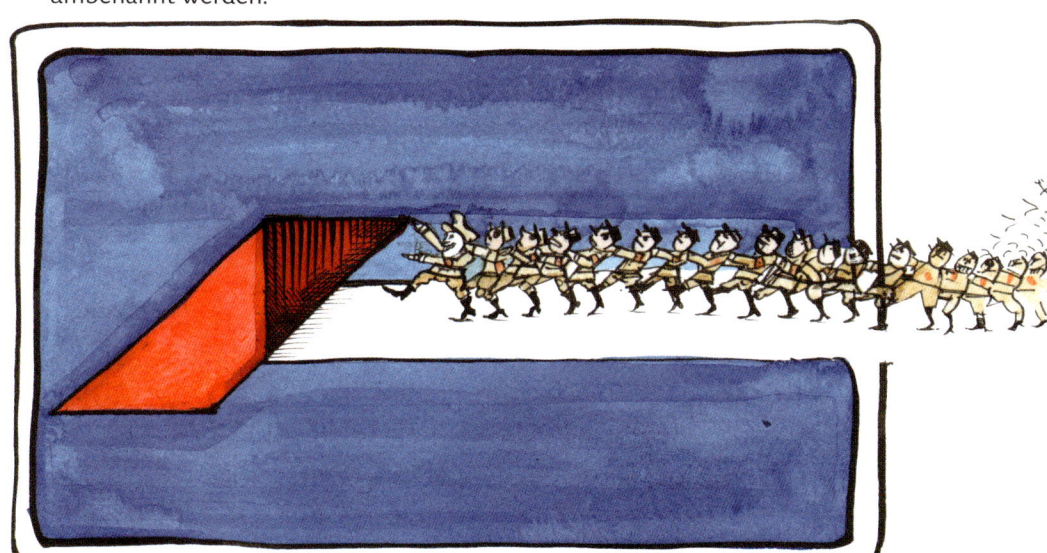

Bald besenrein?

Einige Zeit habe ich mich resigniert in mein Fass zurückgezogen, weil die Welt von Sturmfluten, Erdbeben, Wirtschaftschaos und Atom-Katastrophen heimgesucht worden ist, bin aber jetzt entschlossen hervorgekrochen, um zu einer Wutrede anzusetzen. All diese Dinge hätten nämlich vermieden werden können, wenn ihr lernfähig wärt. Leider seit ihr das nicht und ich fürchte, dies wird immer so bleiben. Jede Einsicht hat es schwer, weil ihr euch in eurer selbst verschuldeten Unmündigkeit wohlfühlt und die Vernunft, wie der Dichter sagt, zum blöden Vieh geflohen ist, während noch so unsinnige Thesen, dazu von der Bibel geheiligt, Konjunktur haben: „Macht Euch die Erde untertan!" Als ob das Segel dem Wind befehlen könnte.

Untertanen neigen irgendwann zu Aufständen. Die habt ihr jetzt. Die Natur schlägt zurück. Sie schüttelt euch mit Erdbeben wie lästige Läuse aus ihrem Pelz, sie schwemmt euch mit Wassermassen wie morsches Treibholz einfach hinweg. Hat denn eine Sintflut nicht gereicht, euch schlauer zu machen? Nein, es bleibt leider dabei, was Bias, einer der sieben Weisen, vor gut 2700 Jahren - natürlich auf griechisch - festgestellt hat: „pleistoi kakoi" (die meisten Menschen taugen nichts).

Oder schaut euch diese nimmersatte Weltwirtschaft an. Immer mehr, immer weitere vermeintliche Schätze anhäufen, nie mit dem Erreichten zufrieden sein. Da werden künstliche Finanzprodukte gehandelt wie Rauch ohne Feuer, bis alles zusammenfällt, obwohl doch durch die Jahrhunderte die Genügsamkeit gepriesen wird und angeblich der Mensch das Maß aller Dinge sein soll. Als ich vor langer Zeit meinen Kollegen Sokrates lächelnd über den Athener Markt schlendern sah und ihn fragte, warum er lächele, erwiderte er: „Ich wundere mich über all die Dinge, die ich nicht brauche." Ist das denn alles in den Wind gesprochen?

Schließlich die Atomkatastrophe. Noch im Angesicht des Todes wollen die Stromkonzerne Profit machen. Mein Freund Paul Münch hat scharfsinnig darauf hingewiesen, welch interessante neue Bedeutung dadurch das Wort „Stromer" gewonnen hat. Hat nicht mein berühmter Kollege Heidegger euch mit dem Wesen der Technik vertraut zu machen versucht und auf deren Unbeherrschbarkeit hingewiesen? Ist dies alles tauben Ohren gepredigt?

Wie stellte doch schon euer alter Geheimrat Goethe fest: „Herr, die Not ist groß! Die ich rief, die Geister, werde ich nun nicht los. In die Ecke. Besen! Besen! seids gewesen."

Aber sie wollen nicht mehr in die Ecke, nein, sie werden euch alle vom Angesicht der Erde irgendwann hinwegkehren und niemand wird übrig bleiben, dies zu bedauern.

Perikles Schmidt

Mein pfälzischer Mentor Paul Münch hat mich aus meiner alljährlich immer wieder auftretenden Lethargie gerüttelt und mir nachdrücklich verdeutlicht, dass es kein billigenswertes Verhalten sei, sich bei jeder Gelegenheit in die Tonne zurückzuziehen und die Welt Welt sein zu lassen. Er hat mir - ich habe die neuesten Begebenheiten nicht so verfolgt, weil ich als Philosoph natürlich tieferen Schichten des menschlichen Daseins verpflichtet bin - kurz die aktuelle Weltlage skizziert und mir vor allem deutlich gemacht, was zur Verbesserung derselben zu tun sei.

Nun habe ich schon in meiner Athener Zeit mich nicht so sehr um die Weltläufte gekümmert, weil mir klar geworden war, dass die Demokratie insoweit einen Fehler enthält, als die Wahrheit niemals bei der Mehrheit zu finden ist und ich grundsätzlich deshalb diesem System reserviert gegenüberstehe. Obwohl ich der Auffassung eines britischen Staatsmanns eurer Zeit zuneige, dass die Demokratie zwar die schlechteste aller Staatsformen sei, aber die einzig mögliche.

Paul hat mir dann klar gemacht, dass wir an einem Wendepunkt der Geschichte stünden, denn es erhebe sich die Frage, ob sich die wirtschaftlichen Zusammenhänge so über die Staaten legen, dass diese wie die alten römischen Gladiatoren in einem Netz gefangen seien und ihnen deshalb der tödliche Stich ohne weiteres beigebracht werden könne. Er deutete an, die Politik habe völlig die Kontrolle über die wirtschaftlichen Gegebenheiten verloren und die Machtverhältnisse hätten sich dadurch umgekehrt.

Inzwischen gebe es Agenturen, die weiß Gott wer eingerichtet habe, die Lehrern gleich den Ländern Zensuren über ihre Wirtschaftskraft erteilten und damit deren Möglichkeit, Geld zu billigen Zinsen aufzunehmen, oft stark einschränken würden, fuhr Paul fort. So würden diese Agenturen - es seien, was die bedeutenden angehe, deren drei - monatlich Noten vergeben und alle Welt schaue auf diese Zeugnisse, um sich dann auch noch danach zu richten. Er schilderte mir weiter, dass überhaupt keine Anstrengungen unternommen würden, diesen wirtschaftlichen Unsinn zu unterbinden. Die Nationalstaaten und auch Europa als Ganzes hätten die Führungsrolle im gesellschaftlichen Dasein an die Banken und an Einrichtungen wie diese unsäglichen Agenturen längst abgegeben und es gehe jetzt darum, diesem Meer wirtschaftlichen Unsinns wieder Land staatlicher Ordnung abzugewinnen.

Wir hatten damals in Athen ähnliche Zustände und erst Perikles hat einigermaßen Ordnung in den Laden gebracht, was allerdings nicht lange angedauert hat. Vielleicht sollte man sich wirklich resignierend darauf zurückziehen, dass die Lage immer so gewesen ist, dass die Einzelinteressen vor allem der wirtschaftlich Starken durch alle Zeiten den Ton angegeben haben und angeben werden.

Zu meiner Athener Zeit hat die Oberschicht sich mit Philosophie beschäftigt und die Sklaven die Arbeit tun lassen. An sich ist dies heute noch genau so, denn es gibt eine kleine Gruppe von Menschen, denen es sehr gut geht, ohne sich allerdings mit Philosophie zu beschäftigen und eine Vielzahl von Leuten, die die Drecksarbeit verrichten. So kam es früher, wenn es den Sklaven ganz schlecht ging, zu Aufständen, die sich heute, durch Gewerkschaften organisiert, Streiks nennen. Im Grunde handelt es sich um das gleiche Phänomen.

Die Kernthese, die heimtückisch und zugleich sehr treffend das Wesen des Staates beschreibt, ist die, dass „wir alle im gleichen Boot sitzen", wobei tunlichst verschwiegen wird, dass einige Wenige auf dem Oberdeck in Liegestühlen Platz genommen haben, während die Mehrzahl als Galeerensklaven das Schiff in Gang hält. Wir sind, so warnte Paul Münch, in einer Situation, wo es den Sklaven immer schlechter geht und der Zeitpunkt abzusehen ist, wo sie die Ruder endgültig aushängen, das Oberdeck entern und die dort Befindlichen erschlagen.

Es müsste also bei dieser Elite die Klugheit vorherrschen, den Ruderern soviel vom allgemeinen Reichtum abzugeben, dass diese tödliche Situation nicht eintritt. Ob so viel Weisheit auf dem Oberdeck versammelt ist, wagen Paul Münch und nach seiner Schilderung auch ich zu bestreiten.

Allerdings, so hat er mir bedeutet, gebe es jetzt eine große Hoffnung. Eine der führenden Parteien unseres Landes, die SPD, habe sich aufgerafft, neuen Wind in die Politik zu bringen und einen Mann namens Helmut Schmidt, der über 90 Jahre alt sei und den Job des Regierungschefs schon einmal ganz ordentlich gemacht habe, bei der nächsten Wahl als Kanzlerkandidaten ins Spiel zu bringen.

Die Reise nach Indien oder:
Die Vernichtung des Irrtums

 Irrtümer können weittragende Folgen haben und manchmal ungemein produktiv sein, wie als Beispiel in der Geschichte der Irrtum des Kolumbus zeigt, der, statt Indien auf dem Seeweg zu erreichen, ganz beiläufig Amerika entdeckte. Nun gibt es Irrtümer nicht nur im weltgeschichtlichen Maßstab, auch das Private kann davon nützlich betroffen sein. Meine bereits in frühester Jugend angelegte Bewunderung für das Neue Testament, diesem nie versiegenden Steinbruch von Lebensweisheiten, beruht auf einem derartigen Irrtum.

Als Junge von sechs Jahren habe ich in den frühen 50er Jahren des vergangenen Jahrhunderts offensichtlich eine Predigt mißverstanden, in der von Mariä Empfängnis die Rede war: ein Ausdruck, der einem Kind zur damaligen Zeit natürlich nicht geläufig sein konnte und bei mir zu dem Irrtum führte, in der Predigt sei von „Maria im Gefängnis" die Rede gewesen. Aufgrund dieses Irrtums habe ich das Neue Testament beharrlich durchforstet, um endlich festzustellen, warum diese nun wirklich brave Frau aus welchen Gründen auch immer ins Gefängnis geraten sein könnte, ohne natürlich fündig werden zu können. Auch dies war, was die Kenntnis des Neuen Testaments angeht, ein äußerst produktiver Irrtum.

Nun sollte man natürlich auch nicht in den erfolgreichsten Irrtümern selbstverliebt verharren und sowohl der des Kolumbus als auch mein eigener sind im Fortgang der Zeit richtiggestellt worden. Irrtümer sollte man, so produktiv sie eine Weile sein mögen, klaglos aufgeben, sobald sie wirklich erkannt sind. Dazu hat Lessing einmal bemerkt, dass er im Streit, also der geistigen Auseinandersetzung mit einer anderen Meinung, stets die Wahrheit gefunden habe und wenn er denn etwas verloren habe, so sei dies nichts als ein Irrtum gewesen.

Die Vernichtung des Irrtums muss deshalb im Streit gesucht werden. Um dem zu genügen, muss man aber zunächst einmal einen irrtümlichen Standpunkt wirklich eingenommen haben, um diesen dann im Streit mit einer Gegenmeinung überhaupt verlieren und aufgeben zu können. Ohne eigenen Standpunkt, er mag falsch oder richtig sein, ist eine derartige Auseinandersetzung schon nicht möglich.

Nun hat das Polemische in unserem Lande einen sehr schlechten Ruf, weil wir Deutsche mit Streit etwas Negatives verbinden, was die richtig verstandene Auseinandersetzung natürlich nicht ist. Erst im Pro und Contra gegenteiliger Ansichten kann sich eine vernünftige Meinung bilden. Dies führt zu der zunächst etwas paradox anmutenden Feststellung, dass man sich zusammensetzen muss, um sich auseinandersetzen zu können.

Meine generelle Aufforderung lautet: Klare Standpunkte beziehen, im Zusammensetzen sich mit anderen auseinandersetzen und - wenn es denn sein muss oder sein darf - dabei durch die Argumentation des Anderen einen Irrtum verlieren und zu einem neuen geläuterten Standpunkt finden. In diesem Sinne gibt es ohne Streit keinen Fortschritt, ohne These und Antithese keine Synthese.

Verlieren wir also die Scheu, energisch Standpunkte zu vertreten, wobei wir allerdings der Einsicht zugänglich sein sollten, diese auch verlieren zu können und sich damit im Lessingschen Sinne von einem Irrtum zu befreien. Es gibt da ein bitteres Beispiel. Einer der Irrtümer, den die Beamtenschaft unseres Bundeslandes beim Blick auf ihre Gehaltszettel und die dort ausgewiesene Erhöhung um einen halben Prozentpunkt endgültig verabschiedet haben dürfte, ist der, dass es sich bei „Mainz 05" nur um einen Fußballverein handelt.

Ein fliegender Engel und die Kirche in der Moschee

Das Schöne an unserem pfälzischen Paradies ist, dass wir uns von hier aus jederzeit in andere Gegenden aufmachen können. Und so haben Paul Münch und ich beschlossen, einmal Andalusien aufzusuchen, natürlich nicht aus landschaftlichen Gründen, denn schöner als hier in der Südpfalz kann es nirgends sein, sondern weil wir dort an Ort und Stelle einmal nachforschen wollten, wie das griechische Gedankengut Mitteleuropa erreicht hat.

Es ist schon eigenartig, dass wir gerade den maurischen, also den islamischen Denkern diese Überlieferung verdanken, die sich vor allem mit dem Namen Averroes verbindet, der in Cordoba tätig war. Hier ist übrigens auch Seneca geboren. Averroes ist die Brücke, über die unsere Philosophie das übrige Abendland erreicht hat bzw. für dieses überhaupt erst gerettet werden konnte.

Nun bietet Cordoba neben diesen überlieferungsgeschichtlich interessanten Eindrücken auch architektonisch ein absolutes Wunderwerk. Die berühmte Mezquita, die Moschee, die sich mit ihrem Säulenwald großartig entfaltet, ist deshalb so bemerkenswert, weil es die Christen, als Südspanien wieder von ihnen zurückerobert worden war, nicht unterlassen konnten, in diese Moschee, deren Abriss vom Kaiser gerade noch verhindert werden konnte, eine Kathedrale zu bauen. Also quer zur Moschee in deren Mitte ein christliches Gotteshaus zu errichten.

Karl V. soll von seiner Hochzeitsreise von Lissabon kommend in Cordoba Station gemacht und als er dies sah, bemerkt haben, es sei ein großen Fehler gewesen, dass er dem Bau der Kathedrale in diese Moschee überhaupt zugestimmt habe. Paul und ich haben uns dieses großartige Bauwerk angesehen und ihm fiel natürlich gleich ein treffendender Vergleich ein. Er sagte nämlich, um es auf die sportliche Ebene zu bringen, es sei etwa so, als wenn man auf dem Betzenberg in Kaiserslautern das Spielfeld von Waldhof Mannheim integrieren wolle. Damit ist wohl für einen Pfälzer alles gesagt.

Durch die Überlieferung vor allem des Gedankenguts von Platon und Aristoteles war dann ein so großer christlicher Denker wie der Heilige Thomas von Aquin in der Lage, sein imposantes Lehrgebäude zu errichten. Es ist also eine Ironie

der Philosophiegeschichte, dass gerade islamische Gelehrte dies dem Heiligen Thomas möglich gemacht haben, der dann - bildlich gesprochen - in den Tempel griechischen Denkens eine christliche Kathedrale gesetzt hat.

Wir haben uns dann bei dieser Gelegenheit über die Person des Heiligen Thomas ausgetauscht, der ein hoch interessanter Mann war und über eine Leibesfülle verfügte, die es notwendig machte, dass man an seinem Schreibtisch einen halbrunden Kreis ausschneiden musste, damit er überhaupt dort arbeiten konnte. Es wird auch berichtet, er sei bei seinem Tod so dick gewesen, dass man ihn nicht habe die Treppe heruntertragen können, sondern ihn über das Fenster habe herunterlassen müssen.

Thomas war in Fragen des täglichen Lebens sehr unbeholfen, was auf viele Denker zutrifft, und es war im Kloster, in dem er lebte, üblich, ihn ab und zu aufgrund dieser Eigenart zu hänseln. So gibt es die Geschichte, dass zwei Klosterbrüder, die ihn schon lange necken wollten, ihm, der am Schreibtisch saß, plötzlich zuriefen: „Komm, Thomas, schau aus dem Fenster, dort fliegt ein Engel vorbei." Der Heilige Thomas erhob sich schwerfällig, ging ans Fenster und sah natürlich keinen Engel vorbeischweben, worauf die beiden Klosterbrüder, die ihn dorthin gelockt hatten, in hämisches Gelächter ausbrachen. Da drehte sich der weise Mann um und sagte: „Was lacht ihr denn, ich hätte dies für möglicher gehalten, als dass zwei Klosterbrüder lügen."

SMS nach Sessenheim

Immer nur Philosophie und Politik, murrte Paul Münch, als wir an einem warmen Sommerabend in den Rheinauen nahe Germersheim unterwegs waren. Warum unterhalten wir uns nicht einmal über Literatur? Ich konnte dem Freund, den ich als Wegbegleiter in der Moderne so schätzen gelernt habe, diese Bitte nicht abschlagen, zumal auch mir danach war, einmal die Themen zu wechseln. Allerdings konnte ich mir die Frage nicht verkneifen, wie er denn gerade hier am Altrhein dazu komme, sich plötzlich der Literatur zuzuwenden. Er hatte dafür auch sofort eine einleuchtende Begründung.

Er sei in seiner Jugendzeit einmal in ein Mädchen aus dieser Gegend sehr verliebt gewesen und man habe einen lauschigen Sommerabend am Rheinufer verbringen wollen. Das geplante Schäferstündchen sei aber wegen der berüchtigten Rheinschnaken nicht problemlos verlaufen und sie hätten den von ihnen liebevoll ausgesuchten Platz fluchtartig verlassen müssen. Diese jetzt aufsteigende Erinnerung weckte in Paul den Gedanken an Johann Wolfgang von Goethe.

Zunächst war ich überrascht darüber, wie der Überfall von Rheinschnaken auf meinen lieben Freund nach so langer Zeit die Erinnerung an den größten deutschen Dichter (soweit bin ich als Grieche auch in die Literatur eingedrungen) ausgelöst habe. Er blieb mir die Antwort auf diese Frage nicht schuldig. Goethe habe zu seiner Zeit ein ähnliches Erlebnis gehabt, als er nämlich Friederike Brion, die in Sessenheim wohnende Pfarrerstochter, als Freundin hatte und er deshalb als Student von Straßburg öfter in die Rheinauen gefahren sei, um seine Liebste zu besuchen. Dies habe sich in „Dichtung und Wahrheit" niedergeschlagen. Ich rücke den Text, weil er zu schön ist, um unzitiert zu bleiben, wörtlich ein:

„Die Rheininseln waren denn auch öfters ein Ziel unserer Wasserfahrten. Dort brachten wir ohne Barmherzigkeit die kühlen Bewohner des klaren Rheines in den Kessel, auf den Rost, in das siedende Fett und hätten uns hier, in den traulichen Fischerhütten, vielleicht mehr als billig angesiedelt, hätten uns nicht die entsetzlichen Rheinschnaken nach einigen Stunden wieder weggetrieben. Über diese unerträgliche Störung einer der schönsten Lustpartien, wo sonst alles glückte, wo die Neigung der Liebenden mit dem guten Erfolge des Unternehmens nur zu wachsen schien, brach ich wirklich, als wir zu früh, ungeschickt und ungelegen nach

Hause kamen, in Gegenwart des guten geistlichen Vaters in gotteslästerliche Reden aus und versicherte, dass diese Schnaken allein mich von dem Gedanken abbringen könnten, als habe ein guter und weiser Gott die Welt erschaffen."

Poetischer kann man das Elend, das durch die Rheinschnaken herbeigeführt wird und noch manche Liebesstunde am Rhein in Zukunft zu stören geeignet ist, nicht auf den Punkt bringen. Es folgte ein reger Austausch über Goethes Gedichte und da wir schon bei Friederike Brion und den Rheinschnaken waren, rückte sein berühmtes, dieser Liebe geschuldete Gedicht „Willkommen und Abschied" in den Mittelpunkt unserer Erörterungen. Dieses Gedicht hebt folgendermaßen an: „Mir schlug das Herz, geschwind zu Pferde. Es war getan, fast eh gedacht."

Münch wies darauf hin, dass die zweite Zeile des Gedichts im Grunde die Ergebnisse der modernen Hirnforschung erahnen lasse, dass wir nämlich vom Gehirn Befehle bekommen, bevor wir die Motivation dafür in unserem Gemüt verspüren, dass wir also unsere Handlungen nicht auslösen, sondern eher kommentieren. Große Dichter ahnen vor der Forschung, was in uns vorgeht.

So verplauderten wir den schönen Abend und stellten Vergleiche zwischen unseren modernen

Zeiten und der Zeit Goethes an und konnten uns nicht darüber beruhigen, dass in unserer Zeit offensichtlich der Mensch nicht mehr im Mittelpunkt des Geschehens steht. Ich kam jetzt doch noch auf das Philosophische zurück und bot den 2500 Jahre alten Satz des Protagoras an: „Der Mensch ist das Maß aller Dinge."

Wir waren uns darüber einig, dass dieses Maß völlig verloren gegangen zu sein scheint. Und obwohl der noch ältere Heraklit gesagt hat „panta rhei" (alles fließt) und wir uns von daher auf ständige Veränderungen einzurichten wissen, ist es doch wesentlich, wohin alles fließt und ob wir uns nicht bereits in einem massiven Überschwemmungsgebiet von Nichtigkeiten befinden oder - um es pfälzisch auszudrücken - dabei sind, „die Bach nunner zu gehe."

Die Konzentration auf das Wesentliche geht völlig verloren und der Mensch ist zu einer Randerscheinung geworden und in Gefahr, in technischem Überangebot zu versinken. Nun schlugen wir wieder den Bogen zu Goethe. Hätten die modernen Kommunikationsmittel diesem schon damals zur Verfügung gestanden, ein so göttliches Gedicht wie „Willkommen und Abschied" wäre nie entstanden.

Goethe hätte nämlich zum Handy gegriffen und folgende SMS abgesetzt: „Verlasse jetzt Straßburg, bin 19 Uhr in Sessenheim, bitte Riesling kalt stellen."

Der Guru und seine Frau

Unlängst saß ich mit meinem Freund Paul Münch auf der Höhe des Slevogthofs bei Leinsweiler und schaute mit ihm in das windbewegte Rebenmeer hinab, als Paul vor dieser wunderschönen Kulisse, auf die wir uns mit allen Sinnen eingelassen hatten, die Rede auf gewisse Auswüchse unserer modernen Zeiten brachte. „Die Menschen sind", so hub er an, „einfach nicht mehr dort, wo sie sich befinden, sondern treiben sich immer in anderen Welten herum. Sie schauen gebannt auf ihre Handys, rennen dabei Passanten über den Haufen und sind ständig irgendwo."

Das ist nicht die übliche Sinnfrage nach unserem Da-Sein, die sich völlig verflüchtigt, wenn man das Leben richtig lebt. Es geht darum, sich einfach dort aufzuhalten, wo man ist. Die einzige Frage, die sich philosophisch stellt, ist nämlich die: Warum gibt es Seiendes und nicht vielmehr Nichts? Euer Philosoph Heidegger hat diese Frage in seiner Antrittsvorlesung 1929 ausdrücklich gestellt. Nach wie vor gibt es darauf keine gültige Antwort, zumal die Frage nach dem Nichts noch niemals gelöst wurde.

Einer, der den Versuch gemacht hat, diese Lösung zu finden, war ein gewisser Schorsch aus Insheim, dem philosophischen Ort der Pfalz. Er hatte sich nach 40 Ehejahren von seiner Kättche getrennt, um in Indien die Weisheit zu lernen und den Phänomenen des Seins und des Nichts auf den Grund zu kommen.
Er hatte Kättche nach so langer Ehezeit gebeten, sie möge ihm eine Auszeit gönnen, damit er diesen tiefsinnigen Fragen nachgehen könne. Und Kättche, eine typisch duldsame tolerante Pfälzer Ehefrau, bedeutete ihm, er sei ein so netter Ehemann gewesen, dass ihm dieses Auslandssemester durchaus gegönnt sei.

Da Pfälzer sehr lernfähig sind, veranschlagte man gemeinsam die Zeit, die er zum Weisewerden benötige, auf etwa ein Jahr. Doch diese Rechnung stellte sich leider als Irrtum heraus. Schorsch hatte nämlich die Absicht, von Guru zu Guru in Indien zu wandern und von jedem ein Stück Weisheit zu lernen, um diese Weisheiten dann zu einem sinnvollen Gebilde für sein eigenes Leben zusammenzusetzen. Als er nach zehn Jahren immer noch nicht zurück war und Kättche sich nach ihm sehnte und ihren Lebensabend mit ihm verbringen wollte, machte sie sich auf den Weg nach Indien. Sie pilgerte von Guru zu Guru und fragte an, es sei doch vor Jahren einmal ein kleiner dicker Pfälzer hier erschienen, der weise werden wollte. Sie wolle ihn jetzt zurückholen, wo er sich denn befinde.

Armin Holt

Die Gurus wussten, dass ein solcher Mann hier tätig war, sie konnten aber seinen jetzigen Standort nicht genau bestimmen und schließlich sagte einer, sie solle doch zum obersten Guru gehen, denn der wisse anhand einer Liste, wo sich alle Weisheitslehrer aufhielten. Denn ein solcher war der Pfälzer inzwischen geworden. Nach langen Irrfahrten stand Kättche dann vor dem Guru, den sie gesucht hatte. Und was glaubt ihr, was sie zu ihm gesagt hat? „Schorsch, kumm häm!"
Traulich wieder vereint in Insheim hat Schorsch seiner Kättche, wie Paul Münch weiter berichtete, Lehrstunden in Philosophie gegeben. Kättche war sehr wissbegierig und letztlich hat sie auch die Frage nach dem Nichts absolut verstanden. Eines Tages fragte sie nämlich ihren Schorsch: „Was machschd du heit?" „Nichts", antwortete Schorsch. „Aber du hoscht doch geschtern schun nichts gemacht", entgegnete die Frau. „Ich bin net fertisch worre", hielt ihr Schorsch entgegen. Darauf Kättche: „Warum hoscht mer nix gsaacht, ich hätt der debei gholfe."

Mehr Verständnis für Philosophie kann eine Ehefrau nicht aufbringen.

Die Kraft der Südpfälzer Erde

Ich will mich einmal mit einer Seite des Lebens befassen, die auf den ersten Blick nicht in das Feld der Philosophie zu gehören scheint, nämlich die körperlichen Ertüchtigung. Allerdings scheint dies in der Tat nur so, denn von den Römern - natürlich von uns Griechen abgeschrieben - ist in Latein überliefert: „mens sana in corpore sano" (ein gesunder Geist lebt in einem gesunden Körper).

Mein Freund Paul Münch hat mir von den sportlichen Erfolgen der Pfälzer erzählt. Er schwärmte von einem Mann namens Wilfried Dietrich, genannt der „Kran von Schifferstadt", der Olympiasieger im Ringen geworden sei, und er nannte einen Radrennfahrer namens Gregor Braun aus Neustadt an der Weinstraße, der ebenfalls bei Olympia Siegeslorbeer errungen habe. Für beide wäre das nicht möglich gewesen, wenn wir nicht die Olympischen Spiele erfunden hätten.
 Am meisten beeindruckt hat mich jedoch seine Schilderung von einem Spiel, das wir zu unserer Zeit noch nicht kannten, nämlich Fußball. Hier verfügt die Pfalz über einen Verein namens 1. FC Kaiserslautern, der schon vier Mal Deutscher Meister gewesen ist und hier eine tiefe Verehrung genießt.

Die Verbindung zu uns Griechen ergibt sich daraus, dass ein früherer Trainer dieser Mannschaft es fertig gebracht hat, mit unserer nicht gerade von Starspielern durchsetzten Mannschaft Europameister zu werden, was ihm in unserem Lande den Namen „Rehakles" eingetragen hat, also den Vergleich mit einem unserer größten Helden: Herakles. Unter seinem deutschen Namen Otto Rehhagel ist er aber auch in Kaiserslautern zum Halbgott geworden, weil er die Mannschaft, die bei Antritt seines Amtes in der Zweiten Liga war, als Aufsteiger unverzüglich zur Deutschen Meisterschaft führte.

Paul hat zu der Zeit ein Spiel auf der Haupttribüne erlebt, das ihm unvergesslich geblieben ist. Zwei ägyptische Spieler - die meisten Mannschaften bestehen nun mal nur noch aus Legionären - namens Samir und Ramzi, beim 1. FCK tätig, hätten einen rabenschwarzen Tag gehabt und geradezu lebensgefährliche Querpässe vor ihrem eigenen Strafraum gespielt. Der Gegner sei immer wieder zu Angriffen eingeladen worden und hätten ihn zur Verzweiflung getrieben. Neben ihm habe eine nette alte Dame, Typ Miss Marple, gesessen, die mit einem Aufschrei sein inneres Gefühl auf den Punkt gebracht habe: „Otto, Otto, hättest du doch die zwei bei den Pyramiden gelassen." Es entstand eine das Spiel überdauernde Freundschaft zwischen Paul und Miss Marple.

Rehakles' Ruhm war noch so groß, dass er 2012 im biblischen Alter von 73 Jahren in die Hauptstadt Berlin gerufen wurde, um einen Club zu retten, den man sinnigerweise die „alte Dame Hertha" nennt. Es war gut möglich, dass in diesem Falle der pfälzische Verein zum Hades fährt. Der Club befand sich in rauem Fahrwasser, weil er das Ziel des Spieles aus den Augen verloren hatte, nämlich Tore zu schießen. Paul Münch entwickelte eine interessante Theorie, wie es so weit gekommen ist und bot gleich ein probates Mittel an, um diesen Zustand zu ändern.

Die Vorbereitung auf die Rückrunde fand nämlich in Spanien statt. Nicht dort, wo sie hingehört, nämlich in der Südpfalz. Immer wenn der FCK im Hotel „Krone" in Hayna sein Trainingslager bezogen hatte, schloss sich eine höchst erfolgreiche Saison an, weil offensichtlich die südpfälzische Erde der Mannschaft Kraft zu geben scheint. Es ist deshalb dem Verein dringend anzuraten, die nächste Vorbereitung wieder dort zu absolvieren.

Ich konnte Paul dazu auch einen Vergleich aus der Antike anbieten. Wir hatten damals einen Riesen namens Antäus, Sohn des Meeresgotts Poseidon und der Mutter Erde, der Göttin Gäa. Aus einer besseren Familie konnte man schlechthin nicht stammen. Er war im Ringkampf unbesiegbar, so lange er mit seinen Füßen die Erde, also seine Mutter, berührte. Herakles hat ihn einfach dadurch besiegt, dass er ihn in die Luft hob und erwürgte. Sobald der Riese nämlich die Kraft seiner Heimaterde nicht mehr spürte, war es schon um ihn geschehen.

So verhält es sich auch mit dem 1. FCK. Mit Südpfälzer Erde an den Schuhen, schickte er einst Real Madrid mit 5:0 nach Hause. Ohne sie brachte er nur eine Luftnummer zustande: ein 0:4 bei Mainz 05.

Wörteleien oder: Preziosa, die Drecksau

Es ist schön und ungemein anregend, in Paul einen Freund gefunden zu haben, mit dem ich über alles reden, die schwierigsten Probleme anschneiden und immer bei deren Lösung mit seiner Hilfe rechnen kann. So sind wir vor einigen Tagen in einen Diskurs über das Wesen der Sprache eingetreten und Paul erinnerte daran, dass das Johannes - Evangelium mit den Worten beginnt: „Im Anfang war das Wort." Dies allein bringe den hohen Stellenwert der Sprache zum Ausdruck. Er ließ sich davon auch nicht abbringen, als ich auf Goethes Faust hinwies, wo an einer Stelle Faust sich über dieses Wort beugt und die Auffassung vertritt, er könne unmöglich dem Wort einen so hohen Stellenwert einräumen und die Stelle lieber mit „Im Anfang war die Tat" übersetzen würde.

Münch beharrte auf seiner Auffassung und wies auf die Definition hin - und damit traf er mich als Griechen natürlich ins Herz - , dass wir in unserem Volk den Menschen als das zoon logon echon, also „das Wesen, das sich durch die Sprache auszeichnet", bezeichnet hätten. Weiter bemerkte er, es sei ja leider durch den Turmbau zu Babel zu großen Verwirrungen gekommen und die Sprache habe sich in viele verschiedene Idiome aufgespalten. Er erinnerte an Verse in seiner „Pälzisch Weltgeschicht", die ich einrücke: „Im allerältschte Alterdum, / ums Johr 3000 so erum, / do hen die Völkerstämm noch all, / sich als uf pfälzisch unnerhal: / In Schile und in Paleschtina, / in Indie, Spanie und ins Schina, / do hat mer schunst vun nix gewißt, / als dass mär pälzisch babble mißt."

Leider ist es bei diesem seligen Zustand nicht geblieben und die einzige Unterscheidung, wenn es so geblieben wäre, wäre heute die, dass es einen Unterschied zwischen Vorder- und Hinterpfälzischem geben würde. Allerdings hat sich dies die Menschheit durch ihren Übermut, einen Turm zu bauen, der in den Himmel reichen sollte, selbst versaut. Die Sprache ist ein Material, das man wie ein Töpfer formen kann und es gibt Ausformungen der Sprache, die von einer Schönheit sind, dass wir uns darauf verständigten, einige dieser wirklich interessanten Sprachgebilde uns gegenseitig vorzutragen.

Wir sind im Pfälzischen geblieben, um der Ursprache den ihr gebührenden Rang zurückzugeben und ich erinnerte Paul daran, dass unsere Pfälzer Philosophen Schorsch und Heiner, die Männer aus Insheim und Knittelsheim, sich an einer

Haltestelle in Insheim trafen. Der die Straße herunterlaufende Schorsch sah Heiner an der Haltestelle stehen und fragte: „Heiner, wilscht ach in die Stadt?" Als dieser bejahte, sagte er: „Do kämmer jo zamme fahre" und erntete die Antwort von Heiner: „Ich bin schun zammegfahre, wie ich dich gsähne hab." Ein wunderbares Beispiel, was man, wenn man die Sprache als Klangkörper sieht, aus ihr herausholen kann.

Paul erinnerte dann an eines der ganz alten Pfälzer Wortspiele, das darin besteht, dass ein Pfälzer den Petersdom in Rom besucht und hingerissen von der Wucht des Gebäudes sich ganz klein und sündig fühlt und den Wunsch verspürt, die Beichte abzulegen. Das ist im Petersdom ohne Mühe möglich, weil dort in den verschiedensten Sprachen die Beichte abgenommen wird. Der Pfälzer begab sich also in den Beichtstuhl eines bayerischen Jesuiten und begann, sich an die alte Beichtformel erinnernd: „Signore." Der Priester erwidert, man könne hier

ruhig deutsch sprechen, denn er sei ein deutscher Pater. Der Pfälzer wiederholt: „Signore", woraufhin der Beichtvater etwas unmutiger wird und sagt: „Reden Sie doch endlich deutsch, ist bin kein Italiener." Als der Mann aus der Pfalz dann zum dritten Mal mit „Signore" anhebt, herrscht ihn der Bayer an: „Wegen mir können Sie hier bayrisch reden, ich bin aus München." Worauf der Pfälzer sagt: „Lassen Sie mich doch einmal ausreden: „Sin Johre her, seit ich's letschte Mol gebeicht hab." Auch dies ist ein Beispiel, wie man mit der Sprache spielen kann.

Ein weiteres in dieser Art schließe ich an. Schorsch trifft Heiner am frühen Morgen in einer Wirtschaft bei einem Schoppen neuer Wein und herrscht ihn an: „Do hoggscht schun am frühe Morche un saufscht." Worauf er die Antwort erntet: „Vun weche, ich war ewe beichde und der Herr Parrer hot gsacht: ‚Zur Buße drei Liter Neie.' Des ist de zwete." Auch dies eine Perle im Sprachenmeer.

Letztlich will ich auf eine Geschichte zurückkommen, die sich ebenfalls in Insheim zugetragen hat. Zunächst ist es notwendig, um das richtige Verständnis für diese Anekdote zu wecken, darauf hinzuweisen, dass es auch in der Pfalz verbreitet Eltern gibt, die ihren Kindern hochtrabende Namen geben, die sich dann zum Nachnamen sehr merkwürdig ausnehmen.

So ist zum Beispiel der Name Diotima Mayer nicht gerade geeignet, Sympathien zu wecken. Und man kann ein Mädchen schlechthin nicht Astrid nennen, denn wenn die Mutter abends rufen müsste: „Aschtrittel, kumm hem", dann wäre dies auch sehr missverständlich.

Ausgehend von diesen propädeutischen Anmerkungen folgende Geschichte. Ein Freund von Münch und mir, der legendäre Wirt der Weinstube „Bäuerlein" in Landau, Peter Wöscher, schwört, dass er Folgendes selbst erlebt hat. Er sei an einem Samstag mit dem Fahrrad durch Insheim gefahren und ein kleines Mädchen von etwa vier oder fünf Jahren habe „die Gass gekehrt". Diesem Mädchen rief seine Mutter nach: „Preziosa, du Drecksau, geh aus em Gräwel raus."

Dies ist ein absoluter Höhepunkt Pfälzer Poesie.

Diogenes von Sinope

In der Philosophiegeschichte auch der „Hund" genannt und von Platon als der „rasende Sokrates" bezeichnet, war Diogenes einer der originellsten Sonderlinge des Altertums. Er wurde um das Jahr 412 vor Christus in Sinope am Pontus geboren, nach anderen Quellen 414 in Athen und ist im Jahr 323 oder 324 in Korinth gestorben.

Diogenes war Schüler des Antisthenes und hat dessen Grundsatz, dass es göttlich sei, nichts zu bedürfen, praktisch umgesetzt. Er wollte völlig unabhängig von den Menschen und von der Außenwelt sein, so dass er in einem Fass wohnte, nur einen Mantel, einen Brotsack und einen Stecken mit sich führte und einen hölzernen Becher zum Trinken. Letzteren soll er weggeworfen haben, als er einen Knaben aus der hohlen Hand trinken sah.

Berühmt geworden ist Diogenes vor allem durch die Anekdote, die das Zusammentreffen mit Alexander dem Großen erzählt. Auf dessen Frage, er möge sich etwas wünschen, soll er ihm entgegnet haben: „Geh' mir aus der Sonne." Alexander, bei Seite tretend, sagte: „Wäre ich nicht Alexander, so möchte ich wohl Diogenes sein."

Auch mit Platon hat sich Diogenes angelegt. Platon hat einmal behauptet, der Mensch sei ein zweifüßiges Tier ohne Federn, was Diogenes dazu brachte, einen gerupften Hahn mit auf den Markt zu nehmen und den Schülern des Philosophen zuzurufen: „Seht, hier ist der Mensch des Platon."

Auf einer Fahrt nach Ägina wurde er von Seeräubern ergriffen und nach Kreta verschleppt und da als Sklave verkauft. Man erzählt, er habe bei dem Verkauf auf dem Markt ausgerufen: „Wer braucht einen Herrn? Wer mich kauft, muss bereit sein, mir zu gehorchen, wie große Herren ihren Ärzten." Er wurde dann von einem gebildeten Korinther gekauft, der ihn zum Erzieher seiner Söhne machte.

Fragmente sind von Diogenes als Originale nicht überliefert, er lebt nur in den von ihm überlieferten Geschichten fort. Er ist für alle Zeiten zum Urbild des bedürfnislosen Philosophen geworden.

Diogenes von Sinope

Paul Münch aus Kaiserslautern

Der Partner meines Diogenes ist am 10. Dezember 1879 in Ruchheim als Sohn eines protestantischen Pfarrers geboren und am 2. Januar 1951 in Neustadt an der Weinstraße verstorben.

Er war aber im Grunde ein echter Lauterer, denn dort arbeitete er ab 1907 bis zu seiner Pensionierung als Kunsterzieher an einem Gymnasium. Sein Grab befindet sich auf dem Waldfriedhof.

Sein mit Abstand bekanntestes Buch ist die „Pälzisch Weltgeschicht", die einmal als das „heiterste Büchlein, das je im Pfälzer Land erschienen ist" bezeichnet wurde. Das Werk hat einen Ehrenplatz für immer in der pfälzischen Mundartliteratur und dient von jeher als echtes Volks- und Hausbuch.

Letztlich ist er von mir als Partner des Diogenes gewählt worden, weil er eine Art pfälzischer Homer ist und weil er unsere schöne Pfalz mit folgenden unvergleichlichen Versen zum Paradies erklärt hat:

> „Un wie die Welt ganz fertig war,
> un alles scheenn un wunnerbar,
> do sat er (Gott) mit'me stolze Blick:
> Die Palz, das is mei Meeschterstick,
> mer merkt, dass ich allmächtig bin,
> do mach ich's Paradies enin."

Und im Paradies befinden wir Pfälzer uns ja alle, liebe Leser. Mehr kann man von Literatur nicht verlangen.

Paul Münch

Rotkäppchens
Geschichte aus
der Sicht des Wolfs

Zum 70. Geburtstag von Bernd Lütz-Binder
im April 2012 veröffentlichte die „Rheinpfalz"
ein Interview mit dem Strafverteidiger.
Daraus stammen die folgenden Auszüge.

Setzen Sie sich im fortgeschrittenen Alter allmählich zur Ruhe oder verteidigen Sie weiterhin „Gauner" vor Gericht?

Ich setze mich noch nicht zur Ruhe, werde meine Arbeit
fortsetzen und weiterhin - allerdings keine Gauner, auch nicht in
Anführungszeichen - verteidigen, sondern das tun, was ich immer tue:
Menschen vor Gericht vertreten.

Könnten Sie sich vorstellen, nur noch Bücher zu lesen und Fernsehen zu gucken?

Da kann ich nur mit Psalm 90 antworten: „Des Menschen Leben währt 70 Jahre, und wenn es hoch kommt 80, und wenn es köstlich gewesen ist, so ist es Mühe und Arbeit gewesen." Warum sollte ich gerade auf der Zielgeraden auf diese Köstlichkeit verzichten?

Haben Sie es je bereut, Jurist geworden zu sein?

Wer nicht mit schlechtem Gewissen Jurist ist, ist fehl am Platz. Denn Entscheidungen und auch deren Vorbereitung, die andere Menschen betreffen, können nur sachgerecht mit einem Rest schlechten Gewissens getroffen werden.

Man hört, Sie hätten früher erwogen, eventuell Journalist, Schauspieler oder gar Pfarrer zu werden. Haben Sie für sich den richtigen Weg gewählt?

Ja. Schauspieler bin ich deshalb nicht geworden, weil ich in der Jugend nicht schön genug war und verhungert wäre, bis ich das Charakterfach erreicht hätte. Dem Journalistenberuf trauere ich manchmal nach und vielleicht ist mein Drang in die Öffentlichkeit dieser Trauer geschuldet. Ein Trost ist mir allerdings, dass mein Sohn Marcel diese Tätigkeit beim Rundfunk als Reporter und Moderator ausübt. Den Beruf des Pfarrers habe ich deshalb nicht ergriffen, weil ich dann auf meine Frau Doris hätte verzichten müssen, ein Opfer, das mir zu groß gewesen wäre.

Wie sehen Sie Ihre Rolle als Strafverteidiger?

Im Grunde ist das nichts anderes, als die Geschichte des Rotkäppchens aus der Sicht des Wolfs zu erzählen, nicht mehr und nicht weniger. Ich achte im Gerichtssaal darauf, dass beim Prozess gegen meinen Mandanten strikt auf die Einhaltung der Regeln geachtet wird. Jeder Angeklagte hat das Recht auf professionellen Beistand.

Wären Sie bereit, auch einen Massenmörder wie beispielsweise den Norweger Breivik zu verteidigen, wenn Sie darum gebeten würden? Wann sagen Sie zur Übernahme eines Mandats entschieden Nein?

Ich bin vom Südwestrundfunk zum Fall Breivik interviewt worden und habe auch dort ausgeführt, dass ich die Verteidigung durchaus zu übernehmen bereit gewesen wäre. Das ist mit der Frage an einen Schauspieler zu vergleichen, ob er Richard III. von Shakespeare spielen würde. Einen Mandanten würde ich nie aus Gründen der Tat oder des Täters ablehnen, sondern immer nur dann, wenn meine Verteidigungsstrategie nicht seine Billigung findet. Insoweit verhält sich dieser Sachverhalt wie Trainer und Fußballmannschaft.

Gibt es für einen so erfolgreichen Anwalt wie Sie noch so etwas wie einen Wunschtraum?

Ich wünsche mir in meiner jetzt begrenzten Lebenszeit, die ersten Ansätze erleben zu dürfen, dass die Ergebnisse der modernen Hirnforschung auf das Strafrecht angewendet werden. Schon Freud hat gesagt: „Wir sind nicht Herr im eigenen Hause." Wir werden uns von der Maxime des freien Willens verabschieden und von einem Schuld- zu einem Verwahrungsstrafrecht übergehen müssen. Das möchte ich deshalb noch erleben, damit nicht Juristengenerationen des nächsten Jahrhunderts über uns so den Kopf schütteln wie wir heute über die Inquisition.

Impressum

Herausgeber:

höma
V E R L A G

Im Schlangengarten 56
76877 Offenbach
Tel.: 06348/959391
Fax: 06348/959392
info@hoema-verlag.de
www.hoema-verlag.de

Texte:
Bernd Lütz-Binder

Zeichnungen:
Armin Hott

Gestalterische Konzeption und Layout:
CityMedia Publishing
Hauptstraße 17
76877 Offenbach
Tel.: 06348/98360
Fax: 06348/9836-11
info@citymedia-offenbach.de
www.citymedia-offenbach.de

Druck:
Westermann Druck Zwickau GmbH
Crimmitschauer Straße 43
08058 Zwickau
Tel.: 0375/3330
Fax: 0375/333-139
info@westermann-zwickau.de
www.westermann-zwickau.de

ISBN-Nr.:
978-3-937329-73-4